美国前总统乔治 · 布什和我

克林顿总统与我

基辛格博士与我

希拉里和我

Peter Drucker 和我

To Hideaki "Don" Iwatani,

With appreciation and respect,

Best wishes

施瓦辛格和我

Continental

JANUARY 2002

Pride of Panasonic
A day on the job with **Don Iwatani**
reveals the secret to his success

Nextel Leading the
Wireless Revolution

Downtown Houston
On the Up and Up

杂志封面

我在美国教近代中国
小学的学生

Panasonic

好況よし、不況またよし

松下之魂

〔日〕岩谷英昭　● 著

秦志敏 宋淑琴　● 译

东北财经大学出版社
Dongbei University of Finance & Economics Press

大连

ⓒ 东北财经大学出版社 2011

图书在版编目（CIP）数据

松下之魂／（日）岩谷英昭著；秦志敏，宋淑琴译.—大连：
东北财经大学出版社，2011.3
ISBN 978－7－5654－0305－7

Ⅰ．松…　Ⅱ.①岩…　②秦…　③宋…　Ⅲ.①松下幸之助
（1894～1989）－生平事迹 ②电气工业－工业企业管理－经验－
日本　Ⅳ.①K833.135.38 ②F431.366

中国版本图书馆 CIP 数据核字（2011）第 032485 号

辽宁省版权局著作权合同登记号：图字 06－2010－469
Copyrightⓒ Hideaki Iwatani 2009

本书简体中文翻译版由岩谷英昭授权东北财经大学出版社独家
出版发行。未经出版社预先书面许可，不得以任何方式复制或发
行本书的任何部分。

东北财经大学出版社出版
（大连市黑石礁尖山街 217 号　邮政编码　116025）
教学支持：(0411) 84710309
营 销 部：(0411) 84710711
总 编 室：(0411) 84710523
网　　址：http：//www.dufep.cn
读者信箱：dufep@dufe.edu.cn

大连图腾彩色印刷有限公司印刷　　东北财经大学出版社发行

幅面尺寸：170mm×240mm　　字数：94 千字　　印张：11 3/4　　插页：3
2011 年 3 月第 1 版　　　　　　　　　　　　2011 年 3 月第 1 次印刷

责任编辑：李　季　王　莹　　　　　　责任校对：王　玲
封面设计：冀贵收　　　　　　　　　　版式设计：钟福建

ISBN 978－7－5654－0305－7
定价：29.00 元

作者简介

岩谷英昭，1945 年出生于冈山县，经营顾问。进入松下电器（现 Panasonic）后从事海外业务工作时间约达 40 年。曾任美国松下电器会长、全球战略研究所所长等职务。现为明治学院大学、东北财经大学的外聘教授，Peter Drucker 研究所特别顾问。

不临激流，何谈勇进——逆境成就事业

悲叹、迷茫、疑惑，或许是当今世界的感情基调，因为我们已然陷入百年一遇的经济萧条。暂不提作为祸源的美国，单说日本，当初曾被认为不会受到次贷危机影响，但终究还是受到牵连。不仅如此，已经扩展到全世界的灾难至今仍在继续。

消费水平大大降低，产业资本缩减，企业改组，再加上商业资本收益减少，一切都仿佛陷入了难以自拔的恶性循环——破裂的金融泡沫不可避免地给以制造业为主体的实体经济带来了严重的损害。

然而，被誉为"经营之神"的松下幸之助曾经说道："繁荣好，萧条更好。经济萧条恰恰是公司千载难逢的发展机遇，一个商业帝国的崛起与振兴与否也许只是一念之差。"

听说在80年前世界经济危机之际，松下幸之助没有精减员工，也没有降低薪酬。虽然遇到了前所未闻的困境，但因为人心凝聚，反而将危机变成了机会，筑造了成功飞跃的坚强根基。正是在残酷的商业环境和严峻的经济形势下，领导者的心理素质和卓越才干才显得越发重要；同样，也正是因为经济萧条，我们才被赋予了沉甸甸的社会责任，我们才有了应该去做且值得一搏的事业。我想，如果幸之助活着，也一定会这样断言。

作为松下电器的一员，我于 1969 年第一次踏上了美国的土地。之后的 40 年里，我不断学习当地语言，了解商业习惯，努力缩小自己与西方人的思维差异，并坚守在商业经营斗争的最前线。

在那期间，松下幸之助的著作不但是我感受经济脉搏的商务教科书，也是使我保持乐观精神，助我披荆斩棘、大刀阔斧地开拓事业的心灵鸡汤。失败和气馁时，它赋予我勇气；误判和迷惑时，它给予我指引。它以永不停止追求的创业精神支撑着远在异国他乡的我。

说起美式商业，人们首先想到的也许是理性、逐利主义和冷酷无情。但是对我来说，从第一次踏上美国的土地开始，我就被一种直觉所牵引，认为这个国度才是真正的"理想之国"。从此，我深深地迷恋上这个国度，并决定在这里奋斗终生。

本书试图以松下幸之助超凡魅力所蕴含的理念及其实际行动为支撑，结合本人在美国的亲身体验来阐述。

松下幸之助率领的松下电器是怎样开拓事业的呢？又是怎样

在拥有巨大市场的美国这片新天地里展开业务的呢？包括跨国巨头松下电器在内的日本企业今后怎样才能更好地进行商业运作呢？

松下电器于 2008 年 10 月在全世界范围内将公司名称统一为"Panasonic"，我曾就职的美国松下电器随之更名为"北美Panasonic"。我于 2004 年辞去美国松下电器 CEO 的职务，在中国和日本的高校讲授营销学。我正在向未来世界的主人——新一代的年轻学子传授我的营销经验，同时，我也在孜孜不倦地研究和学习。在此过程中，我体会到了工薪职业生涯中未曾有过的喜悦与欣慰。

如今是高速发展、不断变革的时代，是几乎无法预测的时代。我想，就连幸之助的营销哲学也可能会因为时过境迁而显得愈发陈旧吧。然而，有一种基本理念，无论在什么时代都能给企业和在企业工作的员工以正确的引导，那就是"为了人们的幸福"。

在松下电器，员工尊称他为"所主"或"社主"，而本书大胆地称他"幸之助"，貌似有些轻狂。可是，在我心目中，在我漫长的工薪职业生涯里，幸之助就如同与我并肩作战的忠实战友，这样的称呼使我倍感亲切。

我在松下电器的职业生涯是从在美国的进修时开始的，本书的内容也是从松下幸之助平生首次踏上美国国土起展开的。

　　本书的章节标题采用的是从松下幸之助的代表作《开辟道路》等著作及演讲中精心选取的一些现在依然重要且适用的语句。

　　松下幸之助所期望的"乐土"确实存在吗？是在美国，在日本，还是在其他地方？若您能耐心地带着这些问题读完全书，将是我最大的荣幸。

松下集团的创始人松下幸之助先生白手起家，将松下集团做大做强，这与他的经营理念是分不开的。后人不断传诵松下幸之助的经营之道，并称其为"经营之神"。《松下幸之助经营之道》的中文译本已面世多年，也被读者广泛传阅。我们选择再次翻译与松下幸之助的经营之道相关的书籍，是因为本书的作者岩谷英昭先生既是松下集团的一员，又是一位熟知松下幸之助的人，因此，岩谷英昭从一个独特的角度来诠释松下幸之助的人格魅力和经营之道，给读者一种新意。

岩谷英昭从年轻时进入松下电器开始写起，以40多年的海外经营经历为背景，在感谢松下幸之助对自己一生的影响的同时，向读者描述了松下幸之助的经营哲学。其中，对我们启发最大的是松下幸之助的自来水理论以及他是如何走出困境的。松下幸之助立志要使松下产品遍及全世界，像自来水一样，让每个人都能够使用，还立志要丰富物资的生产，提高人们的生活水平，即为人们谋幸福，最终实现共存共荣。松下幸之助在逆境中不屈不挠，不卑不亢，稳步前进，逆风飞翔，创造了经营神话。这种精神正好为面临全球金融危机考验的企业家们点亮了一盏明灯。在了解了松下幸之助的事迹之后，我们深深地感到，人在逆境中，要不抛弃不放弃，勇往直前，奋发向上。

在翻译过程中，岩谷英昭先生多次借来连之际耐心解释文中难点，为我们的翻译工作提供了很大的帮助，在此表示深深的谢意。除此之外，还要特别感谢吕晨女士和张路喆女士。吕晨女士主要负责修改译稿，润色语句，为译文增色不少。张路喆女士主要负责校对，减少了译文的错漏之处。由于译者水平有限，有些句意可能没能尽善尽美地表达出来，欢迎各位读者批评指正。

目　录

松下之魂

第 **1** 章

老骥伏枥，志在千里

1.1 🏃 **10 年前的回忆** 🏃

　　1951 年 1 月，松下电器（现为 Panasonic）的创始人松下幸之助有生以来第一次离开自己的祖国，那年，他已经 56 岁。幸之助自大阪船厂的学徒起辛辛苦苦打拼出来，创立了日本为数不多的制造企业。

　　在第二次世界大战之前，他的事业一直停留在日本国内。是什么阻碍了他涉足海外呢？也许是生来的体弱多病，使他难以在交通工具不发达的时代长途跋涉。但是，据我分析，作为继承大阪商人传统的创业者，凭着自己积累的经验和知识，在故土日本从事经营是最有自信的。

　　然而，在第二次世界大战时期，受日本政府对外扩张政策的影响，松下电器在朝鲜半岛、中国、菲律宾、印度尼西亚等亚洲多个国家和地区建立办事处或工厂。即使在那个时候，幸之助也不亲临现场，而是在日本国内发出指示或命令。

　　1945 年，日本战败使松下电器丧失了全部海外据点。驻日盟军总司令部发布了财阀解体的命令，此时松下电器已陷入了非常危急的状况。当时城市里通货膨胀严重，粮食黑市猖獗，经济非常混乱。

　　幸之助由于资产冻结而无法及时缴纳商品税，因此被媒体嘲笑为"欠税大王"，同时由于被革职而不能参与公司的经营。巧妇难为无米之炊，此时的松下电器难以筹措资金，不得不将第二次世界大战之前经济危机①时都没有开除的从业人员大量解雇。松下电器成立 23 年来首次遭受如此大规模的重创。

风停雨住，5 年之后，朝鲜战争的爆发成为日本经济复苏的契机，随之而来的是对松下电器解除财阀解体的命令，事业开始有所转机，渐渐进入正轨。此时，不管对于日本还是对于复职的幸之助本人而言，无论如何都不会放过雨后初晴的清新空气，重整旗鼓，振兴经济。作为第二次世界大战的战败国，涉足海外几乎成了把握商机的必然选择。

让我们首先回到一个老生常谈的话题，战败前的日本曾自负地以为自己是个强国，松下电器和幸之助也同样有着这样自高自大的想法。既然如此，一连串的疑惑便产生了：日本为什么会战败呢？日本先前的经济贸易没有过失吗？在经营和产品开发方面究竟应该向海外的先进国家学习什么呢？不仅幸之助在冥思苦想，就连当时日本财界和政界的领导们也组织考察团到海外学习。

---

① 以 1929 年 10 月纽约股票市场的暴跌为导火索，除苏联外，整个世界经济都陷入危机。1933 年趋于平静。

　　幸之助顺理成章地成为观察团中的一员，当时的他留的还是寸头。他们本来打算在美国停留大约 1 个月，可后来延迟为 3 个月，回到日本已经是 4 月份了。

　　那个时候的客机续航距离还比较短，飞机从日本去美国的途中需要在夏威夷加油，因此幸之助首先顺道去了火奴鲁鲁①。在那里，幸之助大开眼界，看到了自己从未见过的繁华——建筑整齐的商业街，炫目华丽的霓虹灯，通向郊外的宽广道路，日本远不能及的美式住宅——眼见着这些魔幻般的景致，幸之助当时能做的只有一再慨叹。

　　即使在经济日益全球化的今天，美国纽约摩天大楼的景观也是令人惊叹的。遥想当年，当幸之助站在美国最大的城市洛杉矶街头仰头观望耸立的巨大楼群时，恐怕也愕然不止吧。

　　从前懒于动笔写信的幸之助，在留美期间却反常地向公司寄了共 16 封信。在一封从纽约寄回的信中，他情绪激昂地写道："要打造世界的松下电器必须以纽约为中心，我正想象着 10 年后的松下电器。"

　　回国之时，幸之助已经留长了头发，并用发胶好好地定型。

---

　　① 又名檀香山，美国夏威夷州的首府，位于瓦胡岛南岸，为国际旅游城市，拥有太平洋重要海港、机场。

到机场迎接社长的公司职员首先从头型惊讶地注意到了幸之助的变化。

仅仅为吃饱肚子而拼命工作的时代过去了，日本一点点地富裕起来了。

为什么战争会失败呢？这个疑问需要暂时放一放，应该把重点定位在重整因战争而深受损伤的经济系统和生产设备上。此时，重建国家的高昂情绪在日本沸腾起来。

从那以后，日本经济高速增长，现已成为世界少有的以富裕著称的国家。第二次世界大战之前、之中乃至之后，松下电器为了追随日本政府摸索着的前进道路，始终遭受历史惊涛骇浪的洗礼。

可是拥有非凡的领导才能和罕见的商业判断力的创业者松下幸之助，克服了重重困难，终于将松下电器发展成了世界有名的大企业。

可以说，在某种意义上，幸之助去美国之时，就是第二个松下电器的诞生之日。幸之助在美国看到了什么，听到了什么，又思考了什么呢？

我作为美国松下电器（现在为北美 Panasonic）的忠实员工，人生的一大半是和公司一起走过的。我回想着自己的经历，觉得故事应当从这里开始。

1.2 🏃公司重获新生🏃

在考察美国那一年的年度经营方针发布会上，幸之助向公司全体员工这样说道：

> "从前在狭窄的视野下工作的我们，此时此刻，作为世界的经济人，必须一边发扬日本民族的优点，一边放眼世界，以更广阔的视角开展经营活动，以'今天我公司重获新生啦'这样的精神来迎接下一步即将开展的经营活动！"

此席话并不是幸之助一时兴起而吐出的激昂之词，而是他仔细观察，悉心总结了应该在美国卖什么、从美国采购什么、美国工人为什么有那么高的工资水平、美国企业为什么能大幅提高利润率这些问题之后，对公司前景充满期待而做出的信心十足的表达。

虽说处在复兴时期，但对于已经年过半百的幸之助来说，在全新的巨大市场上创造事业，无疑是一项重大而又充满挑战的经营决策。他非常喜欢美国实业家、诗人塞缪尔·厄尔曼在《青春》里写的一句话——"青春不是年华，而是心境"，这句话成了幸之助把自己烈火般燃烧的理想付诸行动并最终实现的力量。

经历了中、英、美等国悲壮惨烈的战争，幸之助更加切身地感受到了从全世界的视角进行经营的重要性。于是，他不仅在美国走访了通用等大型企业，而且还徜徉在大街上细致地观察美国人的工作状况和生活水准。

回顾 20 世纪 50 年代时美日的经济差异，你一定会大吃一惊，并深深感到以日本过去的做法是无法在美国立足的。

那时候，美国企业的高利润率以及员工的工资水平都是日本不可比拟的。例如，在美国工厂工作的女性员工的起薪水平是平均每月 230 美元（按当时的汇率折算为 82 800 日元），在日本这是社长的工资水平。工资低，当然购买力就低，所以幸之助在日本的时候就在思考，他必须尽快提高工资。

美国丰富的物质生活令人羡慕不已，如电视在全美国范围内达到了 700 万台，收音机超过 1 亿台。但更令人惊叹的是，在访问位于美国东海岸、处于纽约市郊区的长岛海水浴场时，幸之助眼见着严冬腊月里从洗手间的水龙头里流出的竟然是源源不断的热水。

在美国，幸之助看到女性员工进入公司并活跃在各个领域，他切身地体会到在这样的背景下洗衣机、电冰箱等家电产品一定会普及，同时，更感受到了松下电器作为电机生产商应当帮助女性进入公司以提高生活水准这一新的社会使命。

幸之助心中暗想，自己已年过半百，好不容易去了趟海外，总得有所反思吧。于是，他决定，一回到日本，就着手建立培养年轻员工的国际观念、让他们学习语言的制度。我是 1968 年进入公司的，正是这个海外研修制度让我有幸得以在美国实地学习市场营销和英语。这也就意味着，我是幸之助所制定的新制度的受益者之一。

幸之助受到美国奢华繁荣的无情冲击，在从美国寄回公司的信中写道：

"虚心学习美国的长处，发挥日本自身的优点，我坚信日本的崛起指日可待。"

截止到写这封信时，幸之助开始留头发的脑袋里已经大致筹划了几个带领面向新时代的松下电器向海外进军的战略计划。

回国后，幸之助命令高桥荒太郎（以后有过"日本的事情问松下，海外的事情问高桥"的说法）设立海外经营分部。名参谋井植岁男（三洋电机创始人）以开分厂的形式到了海外后，作为幸之助的左膀右臂支持着松下电器。

高桥年轻的时候，曾承担收回向中国出口电池的货款的工作任务。当时中国的外汇汇率经常变动，如果错过了汇款时机会产生很大的损失，所以高桥便游走于当地的饮食街，向当地的人们收集关于实时汇率的详细信息。

再说松下电器，从 1933 年（昭和八年）起有了"事业部制"的特征：收音机、电灯、干电池、配线工具、合成树脂和电热机器等每个产品从研究开发到销售再到广告宣传等都是作为独立核算的事业部进行自主经营的。这种经营方式可以说是划时代的壮举。

在重新改组时期，松下电器分为三个事业部，即生产收音机、通信机器、电灯和真空管的第一事业部，生产干电池和电热器的第二事业部，生产蓄电池和变压器的第三事业部。从那以后，又新设了多个事业部。其海外事业的拓展也同样采取了各地域独立核算、自主经营的形式。

关于被叫做松下电器代名词的"事业部制"的本质将在后面详细阐述。

1.3　从双项插头到干电池

幸之助在创业期间因为发明了"双项插头"而出名，在当时，幸之助的名声也和电池的好坏息息相关。

1923 年（大正十二年），松下电器正值创业时期，幸之助拜托自行车店老板，将以电池作为能源的圆形自行车专用灯泡作为

样品安装在自行车上，这种宣传收到了良好的效果，灯泡因其电池的耐用性得以广泛应用。

没有最好，只有更好。从那以后，幸之助再接再厉，进一步对产品进行改良。1927 年（昭和二年），方形的电池式灯泡诞生了，并且被命名为"National 灯泡"，确定了以"国民必需品"为宣传口号的"National"商标。

这个时候，幸之助亲自来到冈田干电池公司，请求其免费赠送 1 万个干电池作为样品，交换条件是松下电器一年采购 20 万个干电池。

为了打响自己的品牌，诸如"买得放心、用得安心"之类的报纸广告铺天盖地，珐琅制的宣传牌随处可见，这在当时形成了一场规模宏大的促销活动，松下电器因此知名度飙升，占领整个日本市场。

实际上，岂止 20 万个灯泡，据说松下电器该年销售的灯泡翻了一倍多，达到 47 万个。幸之助在后来回忆时慨叹道："在自行车灯泡改良过程中，每当夜幕降临、打开灯泡的时候，我感受到了人生最大的快乐。"

进入昭和时代，在确信干电池事业可行后，幸之助大刀阔斧地展开了大规模的并购活动，收购了冈田干电池、小森干电池、朝日干电池等多家电池厂商。松下电器的规模得到了空前壮大，幸之助利用自身规模优势推行低成本、大批量生产策略，终于在第二次世界大战时期一举成为日本干电池生产行业的龙头老大。

对自家干电池技术拥有绝对自信的幸之助在考察美国的时候，把当地的干电池与松下制造的干电池进行了比较。那时，其他公司的干电池即使根本不使用，仅是由于自然放电，其电量就在一两年内全部耗掉，而松下制造的干电池却能维持 3 年。

我来到松下，打拼了几年以后，曾于 20 世纪 70 年代初在海外边走边叫卖干电池，工作的地方是位于太平洋地区的巴布亚新几内亚和所罗门群岛。

那个时候普及的还是外面用纸卷着的电池，非常便宜，一个仅售 10 美分。当地人一发现电池的电流弱了，就把外面的纸剥掉然后扔到海水里，也就是盐水里。这样一来，由于发生离子反应，电池又稍微恢复些电量了。

电器用电有多有少。电灯和电热器等在把电能变为热能的时候相当费电，所以那样做是不起作用的；而对于时钟、收音机等不是十分费电的机器来说，把废旧干电池放在盐水里浸泡后，还能勉强使用，真是令人惊叹。

松下电器在今天已不再致力于生产各式各样的干电池和种类繁多的使用电池工作的产品，可是在以前却大批生产这些产品。

除了通用的干电池外，还有充电式电池、工业用电池、纽扣电池等。使用电池工作的产品有园林栽培喷雾器、手电筒、石油化工用泵，还有制作萝卜泥的机器等，加在一起足有百种以上的产品阵容。

1.4 立志把干电池工厂建在曼哈顿第五街

幸之助来美国的时候，干电池还是"生鲜品"。生产出的电池如果不尽快使用，即使它的寿命较长，存放 3 年后也变成了废铁一块。正因为这样，电池在生产出来之后就应该马上销售，必须把制造和销售紧密结合，形成严密的产销链条。

经过计算，一块电池重 93 克，比同体积的其他物质的质量要大，所以装箱运输的时候只能装到集装箱的一半，因为运输费用不是以体积而是根据重量来计算的。

至今，中国周边的运输费用仍然比较低廉，可是在其他国家，想将生产出的干电池向外运输却是不现实的。

对于松下制造的干电池，幸之助拥有绝对的信心，他曾从美国向电池事业部的负责人东国德（时任第二事业部部长，后任副社长）邮寄明信片，内容是把比"美国制造"更优良、更具竞争力的松下干电池工厂建在纽约曼哈顿第五街周围，这样可以让春风得意的美国人见识一下我们强大的技术力量。

目睹了美国丰富物质生活的幸之助正想方设法地兜售松下的

产品，并专心策划着用引以为豪的本公司高级技术来拓展业务。

在开放式自动化大生产的工厂里，每天生产出大量崭新的干电池，并随即流向美国市场。想要每一位中年人都使用过一次，在"National"商标体系内新增"National HI-Top"标记，让干电池像刚做好的温泉馒头一样从工厂的生产线上生产出来，这些都是幸之助式的想法。

如果生产的是收音机或电视机，在物流顺畅的情况下，在远离市场的地方设厂生产可能也无妨，可是干电池却不同。考虑到寿命的限制，应当尽可能地把干电池工厂设立在靠近消费者的地方。

事实上，干电池工厂最终没能建在第五街。可是我认为，如果当初没有幸之助以从研究开发到生产销售这样一整套的形式进入美国，松下电器是不可能在这个国家取得成功的。考虑到在美国销售的商品还是在当地生产的为好，所以那之后将干电池工厂建在了亚特兰大。

幸之助说，下一个目标是要将已经进入美国市场的松下电器在华尔街上市，要让我们的职员都成为松下电器的股东。公司将把获得本公司股份的权利赋予董事或员工，允许他们在将来股价上涨后出售。

随着公司业绩的提高，股价上涨，这对于公司所有员工来说无疑是提升公司业绩的行之有效的激励措施。

如今，他的这种做法已经在日本被普遍使用，也就是所谓的优先认股权制度。在美国，那个时候职员已经有了依靠自己所在公司上市来赚大钱的想法。

接下来，他想把在当地录用的人才培养成合格的管理者，利用他们来管理自己的公司，生产和销售松下的产品，这样，松下就能够彻彻底底地在美国扎根、开花、结果了。

可是，又一道难题来了：研究开发与建造工厂、设立销售公司还不尽相同。以生产收音机或电视机为例，各国对规格的要求、在安全方面的法规制度等各有差别，如果是现在还会涉及废物回收和环保问题。思前想后，他最终认为研究开发也要设在当地，这样才会进一步提高效率。

事实表明，无论是研究人员还是技术人员，比起日本一流大学的毕业生，的确还是当地大学毕业生收集信息的能力强。可是，就根据各个国家和地区的情况灵活地开发产品而言，总公司的控制力越强，开发过程就越难进行。

只有不满足现状，才会不断进取。为了让松下电器的种子在世界范围内广泛播撒、生根发芽，幸之助将以怎样的行动来为他理想的风帆保驾护航？经历了失败的惨痛教训，第二次创业的他将如何战胜商场上的风云变幻？我想，明白了这些，也就触及到了"日本商业"的实质，不是吗？

本人于 1970 年在美国担任电池的销售负责人

松下之魂

第 2 章

心领神会，伺机而动

2.1　把握机遇

为了打开美国市场乃至世界市场，幸之助将海外开发业务委任给了高桥荒太郎。海外业务也同样采用松下电器所擅长的事业部制，在独立核算制度下实现自主经营和销售。

这种经营战略的目的和发展事业的理念再简单不过了，即不管在哪个国家，企业都是社会的公共财产，都要为当地社会服务。例如，在美国，企业就要为美国客人提供所需的商品。

这样的理念是怎样执行的呢？

正如前面所述，以责任为中心、向各事业部放权的事业部制是松下电器的传家之宝。在美国，第二次世界大战后只有联邦政府预算单位才会引入事业部制，而幸之助早在几十年前就已经采用了这样的经营手法。

关于下达命令，幸之助曾这样描述：

> "即使没有命令，也能心领神会，领略下达命令的人的意思，学会伺机而动——只有拥有如此灵动的姿态和良好的悟性，才能前途无量。"

他还说过，只知道一心听从命令、执行命令是不能取得显著进步和长足发展的。

幸之助把自己精心培育的公司分割，委任部下为社长并充分授权，各个公司的社长定期向"社主"幸之助报告。他规定以 3年为期限，若不能胜任，就更换人员。幸之助充分放权，允许子公司的社长在一定程度上自由经营。

但他却对一件事情作了严格规定，即如果子公司在资金筹措方面有困难，不要依赖银行，必须到总公司与"社主"幸之助共同协商。也就是说，充分授权并不等于完全放权，对关键的环节要严密监督。

从长期来看，一个人细心观察其他人的能力是有限的，最多能够同时观察 300 人。

幸之助虽然被誉为"经营之神"，但归根结底也是人，他的精力自然也有限。

通过为各个部门配备有效的负责人，这些负责人以高度的责任感和敬业精神认真经营，按需调整产量和人员配备，互相切磋琢磨，努力提高公司资产价值。这样一来，有限的能力被扩大了，扩大到几倍、十几倍，甚至几十倍。

同时，作为创业者，幸之助培育下一代来担任经营者的意识也在不断增强。幸之助享年 94 岁，在此之前，他的健康状况不时令人担忧，所以，总有一种危机感伴其左右，他不知道自己将能够站立到何年何月。当时的医疗技术和卫生体系尚不完善，他的父母和兄弟几乎都是在很年轻的时候就去世了。也许是这些，使他形成了某种无常观①。

引入事业部制，下设诸多子公司，相应地配备社长，这样一来，幸之助就可以把自己多年来的经营哲学和经营理论一点一滴地传授给他们，自己亲手创立的松下电器便不愁后继无人了。据我判断，幸之助之所以从第二次世界大战前很早就引入事业部制，或许事出此因吧。

然而，事业多元化如果像细胞分裂那样不断扩大，最大程度的监管也不可能面面俱到，对人员或资金的管理都很容易疏忽。

对于理性思维的美国派经营者而言，最值得提倡并为经营者带来一丝恬静的方法是将分立的事业部完全出售。例如，摩托罗拉向松下电器出售电视机部门（1974 年），GE 向法国汤姆逊整体出售广播电视部门（1987 年）。出售的前提是，就自己公司中经营不良的部门而言，与其让这些不良资产经营萎缩，不如找到积极的买家并向其出售。

总之，幸之助很早就以下设事业部的形式来引领、扩大、发展松下电器。出于对企业的全球战略的长期部署和深远考虑，他

---

① 佛语，指宇宙中一切事物都有生、住、异、灭之过程的规律。

以这样的方式在各个国家和地区设立子公司（"迷你松下"），创建集团式的经营体制，这应该就是幸之助想要达到的目标。

2.2 "委任、被委任"

松下电器在海外特别是在美国的业务，并不是一时的，而是要追求长远的发展和持续经营，因此，没有理由不持久地认真对待。

出于这样的考虑，幸之助决定在当地设立研究开发部门和制造厂，并就地选拔人才，培育优秀的经营者，为将来在当地上市奠定基础、创造条件。

当然，日立、东芝、索尼、夏普等日系企业也陆陆续续地进入了美国市场，但是，在众多日系企业中，委任当地法人进行经营决策的恐怕也只有松下电器和索尼，而其他日系企业还是采取总公司集权的形式。

> 幸之助的经营理念是作为社长的经营者和公司全体职员都必须具有经营感觉。这种在"委任、被委任"中开展工作的理念不仅仅适用于美国的子公司。它是幸之助的哲学，也是松下电器的哲学。

　　我本人从公司一般职员到担任部门负责人，再到后来担任社长，一直都抱有强烈的责任感，独自思考，独立承担责任。实际上，不仅是我本人，"迷你松下"的每一名员工都满怀着这样的主人翁意识。

　　我为之奋斗、随之成长，并最终担任其社长的美国松下子公司，与其他负责产品制造的"迷你松下"一道，针对美国市场联合开展业务，为了实现共同的目标而努力工作。这些"迷你松下"分别是松下寿电子工业（现为松下四国电子有限公司）、九州松下电器（现为松下通信系统设备有限公司）、松下电池工业（现为松下能源有限公司）等。现如今，整个日本乃至世界各地都遍布着"迷你松下"的身影。

　　今日取得的所有辉煌成绩可以在很大程度上归功于当时扮演了开拓者、创业者角色的大量人才。

　　当然，事业部制也同样有其缺点。由于组织结构在纵向上按事业部分割，因此不能有效利用人力、物力、财力等经营资源。

　　现今的社会是泛在社会，各式商品网络联结，信息相互交错，如果按事业部分割，商品研发跟不上消费者需求的情况就会时有发生。

　　随着时代的发展和社会的变迁，作为企业集团，放权反而会引发某种饱和状态的形成，各个子公司之间的联合也会变得冗余。这样一来，就会导致组织机能下降。从这个角度来考虑，将以前的分权体系改革成为总公司集权的组织体系，也许成了理所当然的选择。

采用事业部制的公司所涉及的关联公司最多能达到数百家。根据最近的经营改革计划，也就是所谓的"中村改革"（"创生21计划"），松下电器将改组为总公司集权的组织。但是，把松下电器这个庞大的全球企业汇聚成一个总公司集权型的组织，不是把企业名称统一为"Panasonic"就能解决的，而是一项工作量繁重的巨大工程。

要想在海外开展事业，与总公司的沟通不但费时费力，还不能保证其有效性，所以，从某种程度上来讲，在当地如果没有足够的责任和权限，就不能轻松自如地开展业务。

从目前的状况来看，中村改革最终成功与否尚不能判断。不过，可以肯定的是，对于一个组织来说，如果新陈代谢停止了，总有一天会走到生命的尽头。

我认为，将来重又构建类似于事业部制的体系，采用分权的方法进行管理也不是没有可能。

松下之魂

第  章

克服困难是产业人的使命

3.1 速度源于"默契","默契"源于信任

得益于幸之助非凡的领导才能、长远的战略眼光、正确的经营决策，松下电器如愿以偿地跟上第二次世界大战后经济增长的步伐，迅速地进步发展，在日本国内的影响力逐步提高。

与此同时，商品的不断改良和研究开发也使"松下"商品在国外获得了很高的评价。

1955 年（昭和三十年），日本经济迅速复苏，年出口总额成倍增长，仅松下电器一个公司就创下了年出口额同比增长 9 倍的惊人记录。

大约在 1959 年（昭和三十四年），松下电器在纽约设立了小型销售公司。该销售公司开始只是经营半导体收音机和贴牌生产（OEM）的音响设备。

可是，到了 1961 年（昭和三十六年），"Panasonic"的商标在美国得到了认可。这时，幸之助所期望的松下电器国际化的战略终于可以逐步实行。

前面叙述的事业部制和权限委派的方法对于像我这样的"海外经营部里的幸运儿"来说，既能有效利用集团内部的通力合作，又能灵活地开展工作。从这一点上看，松下电器的确是个很好的组织。

关于美国的业务将在后面详细阐述。值得一提的是，美国市场是变化迅速的市场。就新商品而言，从新学期伊始的初秋直到圣诞节前夕，是否能乘势热卖就成了商战胜负的分界线。特别是从感恩节①到圣诞节这段大约 1 个月的时间是美国商品最畅销的时期。感恩节期间的星期五，通常被叫做黑色星期五，是全美大到大型卖场、小到零售商店都近乎疯狂地大打价格战、特价甩卖的尖峰时刻。

2001 年"9·11 事件"的发生，致使美国国民的购买欲望急剧下降。此时此刻，能在灰暗低迷、被恐慌所笼罩的商场中站稳脚跟的是那些无需等待上级命令、能够迅速对市场做出反应（例如果断地把商品价格从 500 美元骤降至 100~200 美元）的生产商们。

由于我一直从事美国松下的销售业务，身处恐怖事件发生后的美国市场，我切身感受到在这样的危机时刻负责人之间"默契配合"的重要性。

美国松下从产品开发、生产数量到宣传费用等都有自主决策的权利，正因为如此，企业才能积极应对市场的变化，及时满足

---

① 每年 11 月的第四个星期四是感恩节，而感恩节假期一般会从星期四持续到星期天。

消费者的需求。

在经济繁荣之际，即使不绞尽脑汁地出谋划策，也能保证较高的销售额；可是在经济萎靡之时，反应迅速、充分放权、决策有效的组织明显具有优势。

集团内的社长们，即使是在一边吃午饭一边交谈的这短短30分钟内，就能做出很多决策，当然也会否决很多建议，但是不管是在吃饭聊天时的决定也好，休闲娱乐时的拍板也罢，一旦做出决策，就要承担起应负的责任。

可是，在总公司集权型的组织内，则需要多次用邮件沟通，再递交书面申请，等待审批。这样的等待在多变的市场环境中恐怕也是一种煎熬，稍不留神，就输给了竞争对手。

> 零售业讲求速度第一，只要我们速度快，竞争对手也会惧三分。

3.2 惊人的飞身一跃——从司机到社长

被称作"制造达人"的稻井隆义曾是幸之助的司机，每天都一边手握方向盘一边聆听着坐在自己身后的幸之助讲述经营哲学。当然，他本人也是一个非常努力且悟性很高的人。

没过多久，幸之助就看到了稻井的能力，在第二次世界大战期间让他负责松下造船的管理工作。

仅从这样一个事件便足以看出幸之助"大胆用人、充分授权的精神"。或许是因为幸之助从开始学徒到一手创建松下电器的经历，才能对和自己有着相同情怀的稻井有知遇之恩吧。

第二次世界大战结束后，稻井暂且退出了收到财阀解体命令的松下电器，随后接手香川县高松市的松下电灯泡事业部的工厂。

正处于高度成长期的日本，不同的地域在工资方面有着天壤之别。由于四国和九州的劳动力比较便宜，因此选择四国作为工厂所在地。

稻井始终贯彻质量管理和成本削减策略，以此推动了制造业的进步。现在，人们普遍使用的商品中也有很多是稻井生产出来的，比如红外线取暖器。

1961年（昭和三十六年），松下对外公布了红外线暖炉的畅销情况：11年间，这一融合了电灯泡生产技术和造船业中木材加工技术的划时代产品在世界范围内的累计销售量达到1 000万台。工厂业绩迅速提高，正式确立了其在松下集团中的地位。

后来，他又将业务扩展到彩色电视机和磁带录音机的生产，同时合并了几家在四国各地开展业务的公司，成立了松下寿电子工业。

20 世纪 70 年代，松下寿销售的是介于磁带摄像机主导权的 VHS 格式和 Betamax 格式之间的"VX 格式"家用摄像机。虽然幸之助最终选择了 VHS 格式，VX 格式消失了，但却证明了稻井领导的松下寿拥有自行研发新式家用电器的能力。

在刚刚导入事业部制时，松下电器拥有 5 个电视机和 3 个摄像机的事业部，各事业部之间为了一争高下，在成本和性能等各个方面展开了激烈竞争。

稻井从年轻时起一直严格执行质量管理。曾经有一次，松下寿发生了一起由于电视机频道旋钮难以转动致使的产品召回事件。

稻井对此故障非常重视，立即向负责人调查原因，得知是没有使用指定的润滑油而造成涂在电视机频道旋钮上的油脂硬化，于是当即对负责人进行了批评教育，命令立刻召回全部产品，重新涂抹润滑剂，待检验合格后再重新上市。

幸之助对稻井这种处理突发事件的快速反应能力和对顾客的热忱给予了高度评价。

也正是因此，在后来收购美国摩托罗拉电视机部门的时候，幸之助点名委任稻井为松下电器全部电视机部门的总负责人。

松下寿从转包面向美国销售的收音机开始，发展为独自承担面向美国销售的电视机和摄像机的生产任务。

美国的销售渠道和日本大相径庭，需要适时适量地配备各种各样的产品阵容。松下寿完全掌握了美国的情形，并能灵活地应对多变的环境，拥有这种"以智变应万变"的能力的稻井对于身处美国的我而言成了重要的依靠。

可以说，松下寿是脱离松下电器的主力部队而单独执行任务的别动队，是稻井率领的部队。

稻井以其灵敏的商业嗅觉感受到了美国巨大的市场需求，所以当松下电器正式在美国开展业务的时候，可能是他直接向幸之助申请委任自己向美国供应产品的吧。

松下寿既能保证技术革新，又能维持高超的生产能力，它的产品以低成本、高品质赢得幸之助的高度赞赏。

在制造红外线暖炉的时候年销售额仅为300亿日元，后来竟出奇地超过了3 000亿日元，成了在四国4个县纳税额最多的公司。

遗憾的是，原来的松下寿现在成了松下电器的独立子公司，公司的名字也做了修改，主要从事医疗器械的研究与开发。

可是，在四国，没有改变的是多年来志同道合、努力奋斗的公司职员，他们的身体里仍然流淌着"松下寿"的血液，作为"松下寿"生命的延续，健康活跃地开展新的事业。

3.3 并购——不仅为规模的扩张，更为人才的引进

大家都知道，松下电器的故事是 1918 年（大正七年）从大阪的一个租用的小房子里开始讲述的。

虽说拥有作为电气工程师多年来的从业经验和技术秘诀，但幸之助本身既没有出类拔萃的发明才能，也没有其他的特殊技能。

> 因此，与其说幸之助依靠的是特有的技术天赋，倒不如说他是以众多新鲜但合理的想法、全方位的服务意识和从未有过的经营手段之间的协同效应来扩大业务的。

正如前文所说，能够长时间使用的自行车专用灯泡为处在创业初期的松下电器赋予了新的生命力，使之产生了翻天覆地的变化。

从前自行车使用的照明工具是蜡烛、石油灯、乙炔灯或电池式灯泡，寿命均仅为两三个小时，可见其实用性之低。幸之助在自行车店做学徒的时候，曾反复琢磨，重复试验，多次改良，竟

把灯泡的使用时间延长到了三四十个小时。正是幸之助在学徒时期的勤奋努力，成就了一批广泛使用、高度畅销的产品。

为了迅速扩大事业，松下电器需要经常与其他公司进行合作，以弥补自身在某些技术领域内的空白。虽说最初的自行车用灯泡几乎全部由本公司设计、改良和制造，但是却缺乏制造干电池的能力。

为了扩展业务、壮大规模，松下电器收购了小森干电池和朝日干电池等多家干电池企业，并随后一举成为日本第一干电池制造商。可以这样说，如果各家公司之间互相学习、取长补短、优化资源配置，将会收到双赢的效果。

幸之助设法留住被收购企业的董事，善于利用这些企业的经营管理人才，合理配置原有的企业职员，在用人方面堪称天才。后来被称为"松下电器大总管"的高桥荒太郎曾经就是朝日干电池的年轻干部。另外还有松下寿的稻井，他以高桥工厂为根据地，在四国各地成立公司，一点点地扩大业务。

从不轻视被并购企业，渴望从那里获得优秀的人才，再加上通过合理并购有效地实现多元化经营并扩大规模——这就是松下电器代代相传的 DNA。

3.4 ⚡经营管理与技术创新并重⚡

进入昭和年间，收音机开始广为流行，幸之助审时度势，马上投入了收音机的生产制造。1930 年（昭和五年），幸之助与另一家收音机生产商共同出资设立了国道电机。

虽然松下也曾因产品故障遭遇退货潮，但终究于 4 年之后，高高站立在行业之巅。此时，幸之助已收购收音机重要部分的专利，并无偿向社会公开。

1952 年（昭和二十七年），松下电器与荷兰顶级制造商飞利浦公司进行技术合作，成立了松下电子工业。

虽然松下电器在某些产品技术领域内已经达到世界水准，但飞利浦却要求按销售额的 7% 抽成作为技术指导费（专利使用费），如果按照美国的行情，这个数字应该是 3%，所以可以说飞利浦是漫天要价。幸之助并没有因此大发雷霆，而是耐心与其交涉，提出松下电器也应按销售额的 3% 抽成作为经营指导费。

> 幸之助坚持的理念是，只有经营良好，技术才能得以有效利用。

最终，双方达成协议：飞利浦获得 4.5% 的技术指导费，松下电器获得 3% 的经营指导费，也就是说，两者的差额降到了 1.5%。

还有一宗并购事件也家喻户晓，即 1954 年（昭和二十九年）日本胜利音响公司（JVC）加入松下集团。

当时，松下电器的资本金仅为 5 亿日元，但却收购了负债超过 5 亿日元的公司，幸之助也因此被媒体戏称为"买了一条昂贵的狗"（胜利音响的标志是小狗尼帕（Nipper）歪着脑袋认真地听着留声机喇叭传出的声音）。

不过，这次并购提案原本是由银行提出的，如果松下电器不参与这次并购，JVC 则将由美国家电第一品牌 RCA 收购。幸之助听闻此言，认为这会使得整个日本家电行业一片混乱。

更重要的是，幸之助认定 JVC 拥有十分先进的技术，完全可以扭亏为盈。事实上，JVC 确实在松下电器的领导下彻底复苏了。

除此之外，松下电器的并购还涉及了许多其他业务领域，比如自行车、照相机用品、冰箱、电风扇、电子琴，说起来它的并购事业还真是丰富多彩。

被纳入麾下的大多数企业几乎都在松下电器的帮助下保持着良好的发展势头，产品质量进一步提高，成本大幅削减。

在旁人看来，松下电器的并购行为是为了实现规模效益，扩大经营范围，但其真正根源却是幸之助"共存共荣"的经营理念。

3.5　建设人间"乐土"

下面介绍一下幸之助的代表思想之一——"自来水哲学"。

盛夏，烈日当头，一个车夫徜徉在大街上，走着走着，口渴了，他向四周张望，发现了从别人家的阳台外探出的水龙头，便弯下腰大口大口地喝起水来。片刻，车夫直起身子，用袖子轻轻拂去嘴角的水珠，露出洁白的牙齿，满脸堆起灿烂而憨厚的笑容。

自来水并不是免费的，但谁都不会为此而责怪车夫，这是为什么呢？

年轻的幸之助思考之后，觉得那是因为水是一种非常便宜的商品。如果不仅仅是水，所有的商品都价格低廉的话，人们的生活不就会变得富足起来吗？要追求廉价就要做到大量生产。

关于这个道理，幸之助在 1932 年（昭和七年）5 月 5 日松下电器首次创业纪念庆典上向大家说道：

> "克服困难是产业人的使命，因此必须源源不断地生产产品，积累财富。使物资如潺潺的流水一样取之不尽，用之不竭，以近乎免费的低廉价格供应市场——这就是在创造人生幸福，就是在建设人间乐土。所有产业人的使命如此，松下电器的使命也是如此。"

松下电器乃至所有产业人的使命是建设能够像供应自来水一样提供物资的"乐土"。

《我的做法和想法》（实业之日本社）里记载着幸之助之前因好友劝说拜访了天理教教会本部，在那里看到了站着工作的人们，并从中得到了很多经营上的启示。所谓信仰之心是非常奇特的。上了年纪的幸之助这样想到：

> "宗教是神圣的事业，它竭尽全力引导许多苦恼的人们，让他们得到幸福安宁。而我们的行业则是生产人们必需的物资，努力提高人们的生活质量，这同样是不可获缺的神圣事业。我们的工作是从无到有、去贫致富的现实工作。"

并且，能够更加确信的是，要想消除贫困，"唯有不断生产，丰富物资"。

下面举例说明远在海外开展业务的松下寿是如何创造业绩、一显身手的。松下电器向海外提供的商品中有很多都是在四国松下寿或九州松下制造的，而松下电器本部则生产面向国内销售的商品，同时进行先进技术的研发和技术革新。所以，这两个公司作为针对海外市场的商品制造部门有其特殊性。

幸之助之所以采取上述经营策略，是基于这样的想法：要想进军美国这样的巨大市场，就要鼓足干劲，奋勇直前，凡事马虎不得，必须以专门从事制造的公司为中坚力量认真对待。

在当时，美国的 GDP 超过了世界上其他国家 GDP 总量的 3 成。稻井的松下寿承担了向北美销售摄像机、电视机的所有业务，而九州松下则向日本以外绝大多数国家和地区供应通信、办公设备。

面向欧洲的商品根据国家的不同，电压、插座的形状等都不统一，可是在北美这样大规模的市场中，对规格的要求单一，因此也提高了降低成本的可行性。也正因为如此，松下寿才能以物美价廉称霸北美市场。

松下寿除了在香川县的公司和工厂，在温哥华建有面向北美开展业务的美寿电子（AKEI），并在新加坡、印度尼西亚也建立了工厂。这些工厂的主要产品是电视机和摄像机，1987 年（昭和六十二年），又开发出了集两者为一体的新产品并畅销。

为了迎合美国人追求简单实用的心理，研发制造了合二为一的产品，并且购买当天便能安装收看，极其方便，顾客自然蜂拥而至。

这种电视摄像机分 9 英寸、13 英寸、20 英寸、27 英寸四个种类，一上市就销售了 145 万台，超出销售目标接近一倍。

即使现在，我还能清楚地记得，松下寿的电视摄像机能够取得成功的秘诀是它不但同时具有电视机和摄像机的功能，而且成本低廉，价格与电视机大致相当。一台 13 英寸的电视机，即使再增加录像功能，成本也只不过多出 10 美元左右。从这点来看，"自来水哲学"的确成为了现实。

价格低廉只是松下寿的产品优点之一。我有个老朋友叫冈本司，长期担任松下寿技术部门负责人，在生产面向北美市场的产品方面我们二人齐心协力，通力合作。

稻井曾经这样嘱咐冈本："作为小型灯泡的负责人，首先必须明确小型灯泡的特点。因为小型灯泡零件少不能拆开，所以，当出现残次品时不能进行修理，只能将其全部回收，这样就意味着大量的损失。因此，一定要想尽一切办法实现'零残次品'的目标。"

稻井还曾向负责商品设计的冈本严格下令："设计出就连从

前居家务农的中年妇女也能正确组装的产品！"

为了防止残次品的产生，冈本要求从购买零件时起就要仔细检验，只能设计用高质量的零件简单组装而成的产品。

虽说松下寿是松下集团的一份子，但并不是直属本部的"贴身侍从"，不过想起来，其实正因为如此，才使得松下寿的产品没有输给本部。

松下寿作为北美市场的特殊生产商，致力于调查美国人的嗜好和想法，超过竞争对手抢先生产更有吸引力的商品。其中尤以摄像机最为典型，这一音响器材便是日本生产商首创的产品。

松下寿的产品设计理念主要是采用世界领先技术，在日本生产制造，能被美国人所接受。

3.6 我的策略谁做主——顾客至上

电视摄像机成为了松下寿的主打产品，可是在那之前，爆发了"摄像机格式大战"。毫无疑问，上马不久的摄像机项目是松下电器的经营支柱之一。可是，VHS 格式和 Betamax 格式的争夺对于松下电器来说不单单是规格的选择，为什么这样说呢？因为松下电器最终选择采用 VHS 格式，生动地体现了幸之助所信奉的"顾客至上主义"。

20 世纪 70 年代后半期，彩色电视机已经基本普及，显然，生产家用摄像机是摆在全世界的家电生产商面前的商机。于是，各个公司都竞相针对录像格式、磁带或胶卷的尺寸等提出了各式各样的方案，试图一争高下。之前所说的松下寿的 VX 格式就是幸之助命令稻井开发设计出来的。

这场格式大战可谓旷日持久、硝烟弥漫，此处恕不详述。

总之，这场纷争是 VHS 格式和 Betamax 格式两大阵营的霸权之争。前者由 JVC 开发，日立、夏普、三菱电机等鼎力支持；后者则由索尼主导，东芝、三洋电机、NEC、先锋电器等全力配合。

虽然 JVC 曾经是松下集团的企业，但是，松下电器究竟加入哪个阵营还相当不明朗，据说这将取决于两者实力抗衡的结果。

听说那个时期，Betamax 格式阵营的统帅——索尼的盛田昭夫经常到京都南禅寺附近的茶室"真真庵"拜访幸之助，介绍 Betamax 格式的优势。

鉴于盛田昭夫的热心推荐，幸之助曾一度倾向于 Betamax 格式，可是从赴美作市场调查的副社长稻井那里收到的信息让幸之助一下子改变了主意。

这个信息是松下电器的战略合作伙伴美国家电生产商 RCA、

零售业之首的西尔斯①的管理者所说的一句话："美国市场调查结果显示，录像时间相对较长的 VHS 格式更符合市场需要。"

为什么仅凭录像时间长就形成了绝对的优势呢？那是因为 NFL 美式橄榄球超级杯总决赛的比赛时间长达 3 个多小时，而这场赛事受到美国众多球迷的疯狂追捧。

认识到美国市场是这场格式大战胜负的关键，幸之助最终以"顾客至上"的理念毫不犹豫地决定加入 VHS 格式的阵营。

听说索尼的盛田昭夫捶胸顿足、沮丧万分，幸之助这样说道："Betamax 格式非常好，我打 100 分；而 VHS 格式因为有成倍的录像时间，所以打 200 分"。

即使如此，VHS 格式的录像时间也只有 2 个小时，要想不间断地全程录制 NFL 美式橄榄球超级杯总决赛则需要 4 个小时。面对这样的需求，松下电器需要进一步以美国市场为导向进行产品研发。

凡事要因势利导，此时的松下电器打破了事业部制，以 JVC 为主导，全力以赴改良摄像机。

功夫不负有心人，不久，4 小时录像要求便得以实现。RCA 自然不用说，就连 GE 和 Magnavox 等美国大型制造商也陆续加

---

① 美国最大零售商西尔斯—娄巴克公司的简称。

入 VHS 格式的阵营。

1977 年初秋，松下电器开始为即将在美国展开的商业竞争做准备，制造 VHS 格式摄像机"Selecta Vision"的生产线 24 小时不间断运转。松下电器决定推迟使用"Panasonic"商标发货，使用 RCA 的渠道，进行贴牌生产，零售价每台 1 000 美元，销售情况果然如预想般火爆，家用摄像机的世界标准格式渐趋一致，即 VHS 格式。

由 JVC 开发，由松下寿电子生产，由 RCA 销售，形成了一条龙似的合作——松下集团的战略胜利了！

松下寿虽然自主开发了 VX 格式，但依然决绝地加入了 VHS 格式的阵营，可见稻井确为识时务者。而关于幸之助是如何看重美国市场，细心聆听顾客的心声，想必从这件事，您应该得到满意的答案了吧。

3.7 笑容——万两黄金般灿烂，鞠躬——万两黄金般厚重

我于 1968 年（昭和四十三年）进入松下电器，曾多次在迎新会和经营方针发布会上看到幸之助的身影，看起来，台上的幸之助并不是那样的和蔼可亲、平易近人。

　　1982 年（昭和五十七年），幸之助到美国新泽西的美国松下公司访问时的情景还历历在目。

　　那时正值日美贸易摩擦表面化，这意味着日本产业界将渡过一个非常困难的时期。

　　来美访问的幸之助看到堆积如山的库存商品大发雷霆，厉声呵斥了作为最高责任人的经理，当时身为课长的我也在现场。我清楚地看到，遭到批评的经理脸色发青，肌肉甚至都在抽搐，公司上下全体员工都紧绷着神经，气氛紧张异常。

　　可是，到了用餐时间，幸之助一来到员工聚集的自助餐馆，就一改之前的严厉，挤进员工中间，向每一个人露出了灿烂的笑容，并深深地鞠躬行礼。美国松下的员工们看到幸之助这般彬彬有礼、谦和适度，又立刻成为了他的狂热追随者。

　　幸之助返回日本当天，到了肯尼迪国际机场却又因事重返到美国松下公司。员工们听此消息，兴奋得从大楼的窗户一齐探出身子向幸之助挥手致意，那情景令人惊叹不已。

　　幸之助的鞠躬简直可以说是一道美丽的景致。大阪商人的发源地是在船厂，正是因为在船厂学徒时的长期练就，所以鞠躬的姿势才如此不同——满怀着恭敬低下头，向着前方深深地鞠躬，双手一直垂到膝盖之下——这种浸透着传统美德的正规礼仪，这种谦恭和蔼的郑重姿态是远在异国他乡的我很少能见到的。

松下电器每年年初召开一次经营方针发布会，邀请员工、客户、关联方等一同参加，我也曾多次出席。

幸之助逝世前不久，也召开过一次这样的会议。他从座位上缓缓地站起来，略带蹒跚地走向讲台，再慢慢地、有些吃力地一步一步踏上台阶……

全体员工都屏息凝视着，全场鸦雀无声，仿佛在观赏著名歌舞演员的翩翩起舞。终于，幸之助站到了讲台前，他笑容满面地朝着大家说："我不想变成糟老头！"听闻此言，会场立刻笑声阵阵，掌声不断。

> 抓住对方的心，只需一个灿烂的笑容，抑或一个深深的鞠躬。

我想，使幸之助更加迷人的还有他的诙谐幽默和作为经营者那伟大的资质吧。

松下之魂

第 4 章

领会经营窍门，价值黄金百万

4.1　投之以桃，报之以李

幸之助的第一部著作是在 1954 年（昭和二十九年）完成的，他仙逝至今已逾 20 年，但他的著作还在以各种各样的形式广为刊登。

他一生的著作超过 200 部，代表作《开拓康庄大道》（PHP 研究所，1968）销量突破 450 万册，吸引了众多读者，是图书市场上不可多得的精神食粮。

我本人特别喜欢《我的做法和想法》这本书，从年轻时起就爱不释手，津津有味地看了很多遍，书都快翻破了。对我来说，幸之助不仅仅是我所就职企业的创业者，他的哲学思想与现实中的行动同样魅力四射。

这本书描述了幸之助辛酸的成长史。在他还年轻时，他的家人便相继离他而去，孤苦伶仃的他不得不寄人篱下。从白手起家一直到大获成功的过程中，顾客、合作伙伴、员工、妻子及其家人都对他给予了莫大的支持和鼓励。

> “投之以桃，报之以李”是他为人处事的基本理念之一。

　　有时难免困窘急迫，而总有人伸出援手，心存感激的想法和关爱人们的平常心都是不能从单方面产生的，对他人的关心和照顾才是最重要的。平时就能做到这些并非易事，这不正是幸之助想要流传后世的宝贵遗产吗？

　　我一年内回日本几次，可是最近感觉到无论是在饭店还是在零售店，人和人面对面说话的场景明显减少了。

　　萍水相逢也是缘，可是，诸如坐出租车时和司机开心地聊天、按住电梯按钮保持电梯门敞开以便稍等其他客人此类的交流或照顾在日本越来越罕见了。

　　就连在服务行业，人情淡漠之速也可见一斑，更别提在生产现场，那更是有过之而无不及。

　　从海外远眺日本，想想企业珍视员工、员工之间互相为对方着想的传统习惯渐渐消失，真是令人痛心。

4.2　社会赋予我们工作

　　20 世纪 50 年代，新生儿大量地出生，我也随之降临人世。

　　"现在的年轻人……"这句话听起来是老人们的口头禅，可是感觉好像是在说日本年轻的工薪阶层工作态度不端正或不懂得工作意义之所在的人增多了。话虽如此，但如果非要追问缘由，可能是因为整个社会都是这样，也可能是因为企业和员工之间的关系发生了变化，这和先有鸡还是先有蛋一样，是个说不清楚的问题。

> 幸之助曾经说过，"无论什么工作，都是社会需要才会出现的"，所以，"认为自己所做的工作是自己要做的'自己的工作'是毫无道理的，事实上应该是社会赋予我们的'社会的工作'，这才是工作的意义"。

也就是说，无论经济景气与否，企业在社会中只不过扮演了"顺应社会需要，进行生产活动"的角色。因此，企业必须雇用许多职员并支付工资，努力提高利润并纳税，革新技术，培养对国家和社会的高度使命感，让人们的生活逐渐富足起来。

这个逻辑也是幸之助提倡快速成长、大量生产、大量消费，以达到良性循环的原因所在吧。

可是我认为，世界经济已经进入全球化时代，谁在哪里生产商品，谁在哪里购买使用，两者越来越不相干。日本人购买使用的日本企业的商品也许是在中国或韩国制造的。

这种黑箱①式也是全球化的弊端。曾经在熟悉的地方生产出

---

① 古往今来，人类在探索物质世界的过程中，总会遇到一些内部结构或内部关联尚不清楚的系统，这样的系统在控制论中被称为黑箱。

来的东西，现在却不知道在世界哪个角落生产，也不清楚在哪个地方流通。生产地与消费地之间的关系越来越远，甚至毫无关系。

但是，看不到并不意味着不存在。虽说看不见买方和卖方的关系，但如果忘了企业的使命和本来应该肩负的责任，就变成了自私自利、不顾消费者利益的赚钱机器。

只要有人需要，即使商品获利再少，企业也应当进行生产。例如，干电池和电饭锅不赚钱，但如果没有厂商生产，很多人都会觉得不方便。不管利润多少，企业应该生产社会需要的东西。当然，如果不创造利润，企业就不能生存，也不能雇用员工。

利润是由市场理论决定的，幸之助在当时设置的目标是将利润提高 10%，现在这个数字应该是 5%、8%，还是 12% 呢？这个有必要随时调整。

总之，如果托辞看不到使用方的模样就不生产有人使用的东西，那么企业就失去了自身的社会价值了。

正如前面所讲到的"自来水哲学"，企业雇用众多员工，生产各式商品，于是商品价格下降，购买的人数随之增多，利润因此大幅增加，企业又能雇用更多的员工，由此便形成了良性循环。

在美国松下，我有信心作为幸之助的传人担负起松下电器在美国开展业务、良性运转的重任。

> 我认为，无论在哪个国家，都应该尊重顾客、员工、合作伙伴等各方面人士，真诚待人，这是松下的哲学，是为人处世的根本，也是幸之助留给后人的谆谆教诲。

　　幸之助的格言是"领会经营窍门，价值黄金百万"。据说这是他在 1934 年（昭和九年）新年联欢会上的新年赠言。本章标题也引用了这句格言。

　　这句话所蕴涵的意义是，无论工作重要与否，都应该作为一个经营环节，想方设法改进工艺、革新技术，同时，每名员工都要拥有经营意识，并以此开展工作，如此一来，企业积累财富便指日可待。

　　要让迷你松下在全世界范围内遍地开花，包括美国，这是幸之助的口号，是松下集团的目标。为了真正在一个国家扎根，必须雇用当地人才，生产符合当地需求的商品，并打入其消费市场。

　　为了提高当地员工的工作热情，幸之助把在美国市场上市作为奋斗目标，这也是美国松下全体员工的梦想和愿望。

　　我于 2000 年（平成十二年）6 月成为美洲地区的负责人兼

任美国松下电器的会长，在任期间未能实现上市。我自认为继承了幸之助的思想，非常重视美国松下的每一名员工，也因此更加希望上市梦想能够早日实现。

4.3　迂回曲折的商标之路

从我参加工作以来，直到我离开松下，告老还乡，公司一直使用"松下电器"这个名称，可是商标的问题却时常成为实现"全世界的迷你松下"这一梦想的障碍。下面关于确定松下电器商标名称的复杂过程稍作说明。

谈到幸之助的时候不可避免地要提到"松下 National"商标。"National"截取自第二次世界大战前的流行词"International"，幸之助对自己设立的团体或组织几乎都冠以这个商标。

这是松下电器进入美国时的事。当地有个老牌电器生产商已经注册了 NCR（National Cash Register Company）商标，所以松下电器不能使用"National"商标注册，而"MATSUSHITA"①对于美国人来说很难发音，无奈之下使用了"KADOMAX"②商标，可是市场反应却不佳。

① "MATSUSHITA"为"松下"一词的日语读音。
② "KADOMAX"取自松下电器总公司所在的大阪门真市（"门真"的日语读音为 KODOMA）。

冥思苦想后，终于想到了"Panasonic"这个词语。

> "Pan"作为前缀，在日语里是"遍及"的意思，而"sonic"的意思则是"声音"。

除了会给人以音响器材的特殊印象外，大体上评价良好，因此松下电器决定在美国采用"Panasonic"商标。

最开始的时候由于既没有知名度也没有美誉度，因此只能作为家电生产商为竞争对手进行贴牌生产，或者借用零售商店的商标。

不只是松下电器，其他日本生产商也一样，作为自有品牌向零售商店交货。20世纪60年代，在西尔斯和JC Penny等大型连锁商店销售的电子仪器中，标明自有品牌的商品大部分是由日本生产商生产的。

我也有痛苦的回忆。即使是电池这样的小商品以自己公司的商标销售也是很困难的，大型家电等若要冠用零售商店的商标还需要支付商标费。也就是说，必须在价格等各方面都极为不利的条件下进行竞争。

为了提高品牌力，要花费大量的时间、金钱和人力，不停开展宣传活动，拓展公共关系，以期获得哪怕一点点知名度的提高和品牌形象的提升。

2008 年（平成二十年）10 月 1 日，随着中村改革的展开，公司名称由"松下电器"变更为"パナソニック株式会社"，幸之助的姓"松下"消失了。

身在美国的我在感伤之余，不遗余力地推广和普及"Panasonic"商标。在得知商标统一的那一刻，一种既高兴又凄凉的滋味涌上心头。

"パナソニック（Panasonic）"的命名归根到底是想让说英语的人联想到"声音"。因为从语义上讲是"所有的声音"，所以对于音响设备和 AV 产品①肯定适用，但松下电器也生产吸尘器和洗衣机等，有人认为这些产品若给人以能发出声音的感觉终归不太好，不过这条意见最终没有阻挡"Panasonic"成为世界知名品牌。

受商标问题困扰的松下电器曾多次委托广告代理商调查"National"、"Panasonic"、"松下"的知名度，听说在日本知名度最高的还是幸之助的"松下"。

尽管幸之助生前建议在海外使用"Panasonic"商标开展业务，可是要从公司名称中去掉"松下"，真是让人难以接受啊。

---

① AV 产品包括 DVD、VCD、电视以及数码摄像机等。

虽说不是绝对禁忌的事情，但毕竟与幸之助的遗愿相反。尽管如此，想尽快统一商标、重新树立形象的想法也是无可厚非的。如果松下家族没有提出很大的异议，经过一系列讨论，长年悬而未决的问题终于有望画上句号了。

不管怎么说，一想到那首家喻户晓的商业歌曲"明快的National"渐渐消散于耳际，还是微微感到些许凄凉。

松下之魂

第 5 章

见博则不迷，听聪则不惑

5.1 　结识松下

先稍微回顾一下我的过去。我于 1968 年（昭和四十三年）4 月进入松下电器。当时正值学生运动，满街都是游行队伍和机动部队，社会动荡混乱，但是经济却一片繁荣，达到了"伊奘诺景气"① 的鼎盛期。

就在那一年，松下电器迎来建社 50 周年，又适逢明治维新百年纪念，于是幸之助向员工激情澎湃地说道：

> "仅仅成为日本第一的优秀企业，以技术优势领先一步，是远远不够的。明治维新的爱国志士们用武器建设了现代的国家，而我们要用现代的经营、先进的技术将繁荣的种子播撒到世界的每个角落，不只在日本开花结果，更要让整个世界实现共存共荣！这就是我们昭和时代志士们的全部使命！"

在大学时期，我的第二外语是汉语。在那个连教科书都没有的时代，我只能买《毛主席语录》和《人民日报》来读，用汉

---

① 这是指日本在 1965—1970 年的经济繁荣阶段，此次经济增长持续时间长、规模大，设备投资和出口增加。

语背唱中华人民共和国国歌。按照自己独创的学习方法，毕业时，多少能够运用汉语阅读和书写一些文字。

松下电器虽然从很早以前开始就给人留有些许保守的印象，但因为总是勇立潮头争当排头兵，近些年有意考察作为泱泱大国的中国市场的发展前景，所以才会特意录用像我这样既非名校出身成绩也不突出的学生吧。

进入经济学部的我之所以没有选择最为热门的德语和法语作为第二外语，而是选择了汉语，是因为这门课容易拿学分。后来在跟汉语老师的接触中发现，他是个很独特的人，经常请我吃吃饭，带我钓钓鱼，和我不分尊卑，像朋友一样，我也在不知不觉中开始用功地学习汉语。

所以我想，按照松下的海外培训制度，如果安排我参加的话，应该会去中国或东南亚汉语圈的某个国家吧。不过，当时中国尚未改革开放，马来西亚和印度的局势比较混乱，如果这样的事态持续下去，我很可能会因此没了去处，唯恐自己从培训生的选拔中落选。

进入公司一年以后，总公司的海外本部就召集了 10 名同年进入公司的员工作为海外培训生派遣到任职地。出乎意料的是，我的任职地为芝加哥的松下中西部营业所，更加惊讶的是听说"社主"幸之助的孙子松下正幸（现为 Panasonic 副会长）也一同前往。

同年进入公司的 450 人中，实习生本来就备受瞩目，再加上创业者的孙子也一同前往，就引起了芝加哥营业所全体员工的广泛重视。责任重大，绝不能犯错误。一想到自己是个不谙世事的年轻人，我就紧张得全身僵硬，呼吸困难。

5.2　御木本珍珠和咖喱饭

正幸从到芝加哥任职起到找到单人公寓之间的这段时间里，与我一同住在学长的公寓里。两个人朝夕相处，很快便以兄弟相称。

让我惊讶的是，晚上睡觉的时候，从正幸的床上偶尔会传来好似念佛的声音，于是便小心翼翼地问了一下他在叽咕什么，他解释说："在计算从地球到海王星以光速往返需要多少时间，这样算着算着就会睡着了，如果还是睡不着，就计算到更遥远的行星的时间。"听完才恍然大悟，原来是拿计算代替安眠药，心想不愧是幸之助的后代，真是不得了啊。

在芝加哥培训的这段时光，有一件事情令我难忘。一天，突然收到了一条意外的消息，幸之助的女儿——时任社长松下正治的太太幸子要来芝加哥，此行意在访问美国松下的第二大合作伙伴 Manny Charach。

　　这段日子，我和正幸的关系已经非常好了，但是想到万一对社长夫人招待不周可如何是好，紧张得快患上胃穿孔了。

　　因为是秘密旅行，公司没有正式派遣人员随同前往，幸子和正幸如果能够一起行动就好了，我也能稍微松一口气。

　　待到幸子真正到来的时候，她一看到我就亲切地对我说："你是 Don 吧，请多关照。"

　　Don 这个名字是我的一个美国上司给我起的，依据是我留给大家的印象和日文名字（Hideaki）中的英文字母"d"。

　　我曾为必须向 Manny Charach 夫妇进行翻译而忐忑不安，可是幸子的英语比我好很多，而且发音也极为优美。我又一次想到，不愧是幸之助的后代，真是不得了啊。

　　幸子为我们带来一些日本特产，包括大阪万博纪念品御木本珍珠饰品（御木本是幸之助访问海外时的必备礼物）和阪急百货商店特制的咖喱罐头，正幸和我品尝了久违的日本咖喱饭。

　　想象一下日本第一乃至世界少有的实业家松下家族的饮食竟是咖喱饭，会不会觉得有一点意外呢？

　　那天，我们住在 Manny Charach 的游艇上，第二天早上听到隔壁房间传来了"再睡一会儿，就一小会儿"的声音，听起来是幸子好不容易才把正幸叫醒。母亲叫醒儿子是司空见惯的事儿，真真切切地体现了松下家族不装模作样的门风，给人十分亲切的感觉。

幸之助是世界上首屈一指的超级经营者，所以松下家族总会让人感到很神秘，即便在公司内部也是如此，可是经过那天的事儿，我豁然间感到松下家族就在我们身边。

看到不摆架子、过着平民般生活的松下家族，不禁一阵暖意涌上心头，从那时起，我便开始有了把幸之助哲学在美国发扬光大的想法。

5.3 实践出真知

在那之后，正幸去了明尼阿波利斯，我去了底特律，我们各奔前程。去底特律办事处的日本人只有我自己。

处于培训期间的我有很多需要学习的事情，但那是一段刺激而又快乐的日子，因为在那里，我感受到了没有日本职员的舒适惬意，并有幸得到了大家的关照。

因为我将来要从事销售工作，所以在这 2 年的培训期间，我要实地观摩美国的零售卖场。

当时，芝加哥的黑人街是非常贫穷落后的地方，而我要前往那条街上的零售店和现场的销售员一起销售商品。

虽说是从松下电器派来的员工，但在对方看来，却是销售技能不娴熟、英语水平不过关的日本人。每天被使唤得筋疲力尽，我觉得自己俨然是个学徒。

虽说在大学期间学过一些汉语，但是出差地不是中国而是美国并没有令我感到失望，况且对于像我这样在第二次世界大战后出生的人来说，更向往去美国。所以可以说，在 2 年的培训生涯里即使是被看作学徒，美国对于我来说也是一座"天堂"。

说起来，能进松下电器就已经很幸运了，何况又能去美国培训。那时，每个月的工资是 295 美元，扣除 125 美元的公寓费和汽车贷款，余下的 100 多美元也仅够日常生活，可即使是那样我也不觉得辛苦。

我一边享受着美国鲜橙汁的美味，一边为自己能工作赚钱而感到幸福。能够以鼎鼎大名的松下电器的员工身份亲自感受美国的每一天，不论从哪个角度来讲，我都是满怀愉悦的。

与儿时体弱多病的幸之助一样，我小时候也患过肺门淋巴结炎、伤寒和百日咳等易危及生命的疾病。真是"十年河东，十年河西"，我现在不仅身体健康，而且非常喜欢聊天。有次我回故乡冈山的时候，中学同学们看到我的变化都感到十分惊诧。

回到幸之助的话题上，他既无学历也无本钱，更没有一个坚强的后盾，完全靠白手起家。虽然在学校里也学过皮毛，不过大部分电机技术还是在工作中掌握的，即"实践出真知"。

《开拓康庄大道》里"一个人的智慧"一文中有这样一

句话：

> "不明白的事情要问，不知道的事情要打听。即使明白的事情也要多与他人沟通交流，古训说'见博则不迷，听聪则不惑'。无论对方是谁，只要能保持'三人行，必有我师'的谦逊，智慧就会不断提升。"

　　当然，我的辛苦不能和幸之助学徒时的辛劳相提并论，但在迥然不同的异国他乡尝试卖货，从街头上的人们那里学习各类知识，从这个意义上讲，我觉得自己做好了接受幸之助"实践出真知"思想的准备。

5.4　外语学习，纸上谈兵不可取

　　我自打初中和高中时起就向往美国，那时的我就坚持用英语和世界各地的笔友通信，之所以后来考入明治学院大学，也是因为觉得在教会学校更有英语氛围。大学期间参加英语会话俱乐部，所以对英语学习没有排斥心理，不过英语会话除外。

　　根据经验，学习外语还是应该由自己挑起话题，以自己的节奏为主导，想方设法地表达自己的意思，这是进步的要领。

　　如果和当地人对话，要想百分之百地理解当地人的话是很困难的，所以最好首先加入自己的理解，通过进一步探索对方的反应来获知确切的句意。

"外语学习"可以说是一门学问。为了能和美国人交流，我常常废寝忘食、通宵达旦。当然，在培训之前，通过夜大的学习，我掌握了一些词汇，关于美国的历史也基本上有所了解，我从未因为学习英语而感到辛苦。

在美国，如果混在到处都是美国人的人群中工作，有时也会觉得日本人很稀奇。我有珠算三级水平，所以有时也拿出算盘算算订货量，做做账务处理，于是我因为"劈劈啪啪地拨着像豆子一样的算盘珠计算"而得到了大家的关注，并因此结交了一些新朋友。

虽然芝加哥营业所里有很多日本人，但是培训生所去的零售店只说英语。只有硬着头皮讲英语，才能和每一位顾客交流。

那个时候，一进到自己的房间，我就立刻打开收音机，听了几天竟然理解了语速飞快的 DJ 在讲什么。

不过，那是我英语最棒的时期，回到芝加哥营业所后，在日语语言环境下，也就用不着再说英语。在职位得到进一步提升后，公司为我配备了一位会说日语的秘书，如此一来，我几乎把英语忘光了。我英文最差的时候大概是年过半百的我升作 CEO 之时。

5.5 🏃 Nothing to Lose，Not End of the World 🏃

　　培训期间在芝加哥的仓库工作时，仓库经理是一个彪形大汉。想来美国松下社长必然嘱咐过他多关照我，但工作中却毫无体现。我一慢腾腾的，诸如"笨蛋"、"没脑子"之类的骂声就劈头盖脸地砸过来。

　　无论是好是坏，美国人总喜欢把自己的心情直接表达出来，不谙熟日式委婉的表达方式。

　　那时候，即使是累得两腿发软，我依然在店里专心致志、踏实勤恳地销售商品。

　　每每有良机和名扬四海的零售业社长们交谈，我心中对商业的兴趣就又会提高一截。

　　以前从没想过自己会有商业意识，现在想想，自孩童时起仿佛确实微微与众不同。

　　我家一直经营一些生意，第二次世界大战之前经营农机具，之后改为销售丙烷气，可以算是一个即使在第二次世界大战刚刚结束后的圣诞节里也能吃到西式糕点的富裕家庭。我作为这个家庭的次子，自由快乐地成长着。

　　即使家境殷实，我也不花钱大手大脚。我记得 5 岁的时候，在西式糕点店发现卖剩的圣诞蛋糕，就央求说："圣诞节已经过去了，请便宜点卖给我吧。"于是，我买到了半价的蛋糕。

还有一次，我不小心把一只草鞋掉在厕所里了，妈妈让我去买草鞋，我在鞋店拼命地交涉说："因为还剩了一只鞋，只需要再买一只就行了，不能半价卖给我吗?"束手无策的鞋店老板给家里打了电话，妈妈迅速跑来了……

在美国培训期间，我结识了一位犹太商人，并受到了他的熏陶。在和他交流的过程中，他教了我两件事:

> 一件是"无论买什么东西都一定要试着杀价"，杀价的时候"Nothing to Lose"，也就是说，你并没有因为杀价而失去任何东西，所以没有理由不去做;
>
> 另一件是"Not End of the World"，意思是即使失败也不要气馁，毕竟这不是世界末日。

这两点都是非常受用的商业经验，应该铭记于心，回想起来，我可能从小就已经有所尝试。

在美国的培训生涯结束后，一回到日本，我就被分配到松下电器电池事业部的出口部，在那里开始接触南太平洋地区的经营。在1978年（昭和五十三年）被调往美国松下电器后，工作地点几乎一直在美国。

从仓库作业伊始，直到担任 4 年的美国松下 CEO 兼会长为止，经历了众多大大小小、好好坏坏的事情，这些事情对于我思考日本制造业发展、商业运作、全球品牌战略等很有助益。

当时，美国松下一年的业务合计起来大约为 9 000 亿日元，占松下电器销售额的 12% ~ 13%。

在他人看来，可能是我与生俱来的性格决定了事业上的成功，其实从根本上讲还是得益于从幸之助那里获得的理念——站在将企业命运与员工的人生紧密联系在一起的重大责任的立场上开展工作，以及实践出真知。

5.6 买商品买质量，买服务买心情

幸之助坚决反对将商品的滞销归咎于社会或其他外在的原因，他说：

> "如果不是值得购买的商品，在购买的过程中又体会不到热心周到的服务，就别指望卖出商品。"

显然，美国有自己的经商之道和商业习惯，可能不易被其他国家所接纳，况且也不能把美式商业模式作为全球标准，每个国家都有各自的商业风格。

美国和日本有很大的不同，特别是零售业竞争白热化，众多企业激烈交锋。而在日本，根据风俗习惯也形成了固定的商业风格，并且还因此得到了来自各国的高度评价。

虽说是经济全球化，但根本不可能抛开一个国家的文化或伦理根基来开展业务，所以也没办法与其他国家相比以争出优劣。

可是，暂且不论我们从过去到现在、将来直到永远是否只把苦心经营的日本国内市场作为目标市场，单就从别国购买原材料、将其加工成产品并对外销售这一日本商业模式而论，也不能无视美国市场这一庞大的顾客群。

正如之前所介绍的摄像机规格战那样，即便是说控制了美国市场就等于控制了全世界市场也不过分。

"消费者第一"不是空洞的口号，而是基于现实的商业铁则。正因为如此，幸之助第一次去到美国时，就已经预感到此地商业前景广阔、开发潜力巨大，所以才决定风驰电掣般地将松下电器的业务拓展到美国市场。

美国拥有人口 3 亿之多，GDP 世界第一，购买力是日本的 3 倍，因此也就符合量的积累达到质的飞跃这一法则。如果是在日本，只要各地区的百货商店都摆放松下电器的产品就可以了，可是在美国，这却是远远不够的。首先应当琢磨商品的摆设，其次便是开展营销工作，以期增加营业额。

5.7　犭犹太人的商魂和天赋等犭

在底特律出差的时候，有大约一年的时间我都留在名为 JL Hudson 的当地百货商店，这一段时光为我奠定了扎实的销售基础。

当时，在松下电器产品代理商中，销售额位于全美国第二位的就是前面提到的犹太人 Manny Charach。

Manny Charach 看起来的确是个"不好对付的老头"，他的太太是典型的"犹太母亲"，属于可靠的女老板类型。他们具有顽强的商业精神和稳固的经济观念，感觉是一对雁过拔毛的夫妇。

在那里，我每天都像雇工一样上下班，虽说在东京送走了几年的大学生活，但本来却只不过是冈山的乡下人，对于美国人的思维模式和行动方式都完全不了解，所以摆在我面前的难题是"如何有效地与顾客交流"。

虽说是松下派来的职员，但在这里却没有人娇惯我。从接受订货到销售，我被吩咐做过所有的工作。

在当地店铺向美国顾客销售松下电器产品并非易事，为了提高哪怕一点点的优先次序，一临近促销宣传时，就去各卖场的负责人那里一再恳求他们摆放松下电器的产品。无暇思考对方是否通情达理，是否有求必应，只记得拼命地游说。

早上上班以前，在附近的商店买来炸面饼，用松下电器生产的咖啡壶煮好滚烫喷香的咖啡，一起拿到店里。每天营业开始之前店员们都快活地品尝着炸面饼，然后便心甘情愿地推销音响器材等商品。

因为那时厚重的木制立体声唱机很受欢迎，特别是大型的高档扬声器引人驻足，即使用稍差一些的音质放出重低音，音效也十分美妙。

Manny Charach 总是不遗余力地热心帮助松下电器，不单是陈列商品，而且定期以"松下周"的名义促销商品。

有一天，他对我说："Hi，Don，机会难得，不如趁着促销期间在卖场宣传一下日本文化吧，应该会有很好的收效。"

我一想，言之有理！于是马上制作条幅，又叫来了日企员工的夫人们和在密歇根附近的大学留学的日本女大学生，请她们穿着和服展示花道，表演手工折纸……

Manny Charach 又提议介绍日本饮食文化，于是我们选用松下电器生产的干酪火锅炸天妇罗。

我披上甲壳虫乐队当年去日本时所穿的那种日本航空和服，将食品上沾满面粉，美滋滋儿地炸马铃薯、南瓜、虾来招揽顾客。这时，Manny Charach 的太太走出来指教道："你真笨，虾要最后炸，必须先用马铃薯和南瓜填饱客人的肚子！"

功夫不负有心人，松下电器的产品自然十分畅销，店里的销售额也持续走高，Manny Charach 夫妇喜笑颜开。

即使认为是徒劳的，但到处走走，开动脑筋，也还是很有意义的。行动比语言更为重要。只有敲打，才会作响，这正是美国顾客的消费取向。

> 比起华丽的姿态、悦耳的说词，实际的行动和诚挚的展示更能夺人眼球。

幸之助在大阪船厂的火盆店和自行车店做学徒的时候，也积累了同样的经验，不是吗？

在底特律，我明白了一个道理：

> 每一个成功的销售现场背后，都离不开周密的策划、职员们的同心协力、与顾客的真诚交流……

5.8 "把你能拿的钱都拿出来"

1970 年（昭和四十五年），我在芝加哥工作，那里有个名为

"Polk Bros 的顶级零售连锁店。因为一直没有继承人，所以现在只是作为志愿者团体闻名。不过，在那里生活的 3 个月，所见所闻都是非常刺激的。

社长 Polk 也是犹太人，他在美国是出了名的"点子大王"，尤其喜欢做大场面。比如从中国香港寄来巨大的圣诞老人像用作装饰，波音 747 一起航就升起同样大小的氢气球来庆祝等。

您相信吗？他把芝加哥的一整条街买下来建造大型店铺，并命名为"Polk 城堡"。

他曾经做过一次超大规模的宣传，就是在"Polk 城堡"的停车场内铺设新地毯，一周后再把被踩脏的地毯一齐用吸尘器作清洁。

美国的公正交易委员会执法严厉，以确保商业交易上的公平竞争。如果一种商品过度地降价促销，就会因为阻碍公平的商业交易而受到处罚，负责人也有可能被判入狱。

Polk 在公正交易委员会规定的上限范围内，竭尽自己的智慧，充分利用全身的幽默细胞，力求达到促销和广告一箭双雕。

比如说，如果消费者买某个品牌的冰箱，就赠送价值大约 500 美元的果蔬，其实也就相当于折扣。但如果赠送 500 美元的赠品就违反了赠品法，事实上赠品是果蔬种子。只要认真播种，耐心栽培，就一定能够收获价值 500 美元的新鲜蔬菜和水果，这就是美国式的幽默。

因此，即使是刚正不阿、执法严格的公正交易委员会面对这种诙谐也束手无策，反而，这种诙谐还会成为人们茶余饭后的话题，从而进一步地促进销售。

从中，我深刻地体会到了美国流派商业精神之旺盛，销售形式的法律制约之严格，但是，只要大家肯想办法、善于创新、勇于创造，便可以使工作充满乐趣。

结束了在该连锁店的实习生活，向 Polk 辞行归国时，他对我说道："难得在我这里学习生活，但就要分别了……如果你愿意，我们合伙做生意怎么样？"

Polk 由于生意的缘故经常去日本，对日本的事情颇为了解。他说："日本家具商店太少，把种类繁多的美国家具销往日本一定能赚钱。"

他的话并没有打动顽固的我，2 年的实习生涯终于结束了，今后总算可以正式以松下人的身份在松下电器总公司展开我一直向往的工作了，可以一心一意地为松下效力的想法使我断然拒绝了 Polk 的邀请。

尽管这样，Polk 还是不肯放弃，一再追问我："怎么样？重新考虑考虑吧。"无奈之下，我一时语塞。他又问："你现在有多少钱？"我答道："卖了车大约有 1 000 美元。"

　　"你把你能拿出来的钱全部拿出来，如果没有就跟家里借点……"他兴高采烈地说着，手也跟着兴奋地比划着，越说越起劲，仿佛他的话一说出口就能马上实现。

　　他的理论是这样的："商战是真刀真枪的较量，以马马虎虎的态度着手一定不会成功。如果你拿出所有的钱，我们一起努力把它变成几十倍，不够的部分全部由我来出，而你也要背水一战。"

　　那时，Polk 不断说服我，他那极其认真的表情和满怀渴望的架势让我至今难忘。

　　拿别人的钱做买卖总觉得有可能失败，不太妥当，这是犹太人特有的对生意的严谨态度。Polk 没有继承人，所以可能看中我了。如果那个时候接受了他诚挚的邀请，那么我的人生也许就完全不同了吧。

　　在美国，零售连锁等商业资本完全引领着制造商等产业资本，这是我在 Polk 那里实习的过程中观察到的。

　　应该努力地去想能够吸引顾客的办法，尽量多做"免费"的广告宣传。

　　只有依靠自己的智慧和汗水，生意才会马到成功，绝不能完全依靠制造商的财力、物力、人力。所以，无论是日本制造商还是美国制造商，只要在美国开展经营活动，就要保持和零售商平起平坐、和顾客不分上下的平等关系。

5.9　虎口脱险

在激烈的竞争环境下，以谋害的方式来击败竞争对手的行为也偶有发生。

下面讲一个 20 世纪 90 年代初，我在美国东海岸量贩店里遇到的事情。当时，我们把摄像机卖给了一个快速发展的照相机量贩店，没想到这个商店竟以超低价促销。

我想就有关价格的问题和他们谈一谈，于是就去了对方的办公地点，遇到了创业者的儿子 D 氏，商店的工作由他负责。最初是在他的办公室谈话，可中途他突然提议转到会议室谈。那个时候我也不明就里，只是稀里糊涂地随他换了地方。

进入会议室后，一提及降价事宜，他要么就是不说话，要么就只回答"是"或"不是"。和以对等的立场谈判相比，总觉得这样的场面是一方想要请求什么似的，气氛十分压抑，这让我有一种不好的预感，一定是谈话被录了下来。看到我的表情不对劲，D 氏用一种复杂的表情打断了我，说道："Don，关于这个话题的讨论就到此为止吧。"

我听了这话，心往下一沉，暗想："完了，被人害了"。当时的我不光意志消沉，仿佛连活着的勇气都没有了，就这样，我耷拉着脑袋、拖着沉重的脚步回到了营业所。

可以说，我阻止 D 氏过度地降价，想要他接受把价格提高到赚钱的价格的提议违反了价格操作规定。如果违反了公正交易法，就不可避免地要进监狱。

前面曾提到，美国的公正交易委员会对公平交易的执法是很严格的。零售业为了昭示自己有主动权，选择特定的制造商，有时为了以儆效尤而加以陷害。

> 零售业一边牢牢地遵守着公正交易法，一边暗暗向制造业施加压力。这正是美国流派的商业资本主导型系统。

火烧眉毛的我马上与在新泽西的美国松下总公司的法律事务部商量。上司不能庇护吧，我还是要进监狱吧……

一想到工作和家庭，我就辗转反侧，精神恍惚，额头直冒冷汗。

3 天后的上午，突然接到照相机量贩店的创业者 E 氏的电话，说是要邀请我打高尔夫。

我从他的商店开业时起就和 E 氏来往，以前也打过一场高尔夫，可是因为刚和他的儿子 D 氏发生了不愉快的事，所以我也想借此机会和他谈谈"那件事"。

几天后，我们友好地打了场高尔夫，当然内心不平静的我的得分也实在是惨不忍睹。自始至终，E 氏对"那件事"都只字未提。在俱乐部里一起吃完饭后，他便笑着挥手离去了。

第二天 D 氏打来电话，说道："OK，Don，不要再说'那件事'了，忘了吧。"说完就把电话挂了。

不用说，一定是 E 氏的功劳。我心想着自己终于得救了，于是长出一口气，精疲力竭地倒在了椅子上。

如果"那件事"向相反的方向演变，那么我作为松下员工的职业生涯也就断送于此了。

我想，无论是什么工作，都不可避免地会遇到一些艰难险阻，在千钧一发的时刻将我从悬崖边上拽回来的是美国流派的义理人情。

美国人经常变更工作地点，轻易辞职的人确实不少见，不过完全改变职业和行业的人却为数不多。另外，即使一个人不善言谈，但如果各方面都很优秀，也会被用人单位录用。

我非常了解自己作为买方和卖方长期来往的合作伙伴及其工作状态，所以比起公司的名字，有时也会因为人而进行交易。如果这个人跳槽了，那么客户也就被带走了。自己并不是总有看人的眼力，现在拥有的交易也不可能保证以后永远都有。

当然，从事商业往来的人们也会激烈地讨价还价，可是最重要的仍然应该是人和人之间的平等交往，不是吗？

一想起如果没有和 E 氏的长年朋友关系，"那件事"后果不堪设想，即使是现在，想起来也还是毛骨悚然。

无论是从困境中把我拯救出来的 E 氏，还是不厌其烦地教诲我要与人诚实交往的幸之助，都给予了我莫大的帮助。

5.10 　缘起而聚，缘尽而散

想一想已经是 15 年以前的事了。我在担任松下西部分公司社长的时候，曾经收到从美国某家著名猎头公司寄来的要约函。在确认周围确实没人之后，我打开了信函，看完后竟差点儿从椅子上栽下来。

信函中提到，世界顶级照相机制造商几乎都在寻找日本和远东①地区分公司的 CEO，美国制造商也不例外，而我正是被某个很有声望的朋友强力推荐的。

信函中还提到，如果有兴趣的话，希望我下次回到日本时和 A 公司远东经理见一面。

---

① 即亚洲大陆东部及其周围的岛屿，与东亚大致同一个意思。

恰好在这个节骨眼上，我和松下电器的高层管理者意见不合，心情非常郁闷。于是，我鼓起勇气，2 个月之后在东京和 A 公司总公司的管理者、远东经理等人见面了。

在长达 2 个多小时的谈话中，他们非常耐心地跟我解释了在今后的数字化浪潮中，需要和日本的电子企业建立战略合作伙伴关系的必要性，描述了日本市场的低迷状态和中国市场高速发展的良好态势。

然而，听了他们的谈话，我发现现在正是一个既能对曾经精心培育我的松下电器报之以李的时候，又是能实践"顾客至上"的幸之助哲学的机会，这种想法不断在我的头脑中膨胀。并且，我突然发现，如果考虑到企业的社会使命，只把目光和心思锁定在"和上司意见是否一致"上是何等无聊的事。

在顺利地通过了第一轮面试后，我又被请到了设在纽约的猎头公司总部会议室，路费等全部由对方承担。我向公司请了假，又说服了惊慌失措的家里人，带着希望和少许不安来到了纽约。

在洽谈会上，猎头公司的经理详细地问了我的学历、工作业绩和经营哲学。对方好像非常着急，在我回国的途中便通知我，人事部门负责人正在 A 公司所在大街机场内的 VIP 房间里等待着对我进行最后一轮面试，希望我马上过去。机票的改签事宜等瞬间已办理妥当。

第二天，我紧张地朝房间走去。松下电器派我去海外实习时候的零零碎碎，12 年来一直关照和培养我的部门领导、同事、顾客，在 4 年的国内经营中学到的松下电器经营方式等所有往事，一一浮现在我的脑海里。

当时，我的脑子里自始至终都是幸之助和整个松下家族的事，"行"还是"不行"必须在开门前决定，可是我最终没能下定决心，还是敲响了房门。

在人事部门负责人的身旁，曾经多次在照片上看到的 A 公司会长兼 CEO 正站起身来微笑着迎接我，并直截了当地把公司简介递给了我，东京分公司的负责人对我的各方面素质非常满意，所以希望我尽早做出决定。

另外，他还为我附加了很多诱人的条件——如果在美国市场上做出成果便有机会晋升为日本分公司的社长、总公司的管理者兼远东经理。

然而，人生有时真的难以预料。事后，我回到家里写了封辞职信，正在盘算着什么时候去新泽西的总公司辞职的时候，时任经理兼北美总部部长中村邦夫打来电话："你从下个月起担任松下销售公司的社长（COO）。""嗯……"我有些意外。他突然不说话了，仿佛看透了我的心思。

中村即使平时说话不那么中听，这时也关切地问道："有什么困难吗?"我在百感交集中只回答了句"没什么"。

关于人和人之间的关系，幸之助认为：

> 人们很容易认为仅凭自己的个人意志就可以做成一件事情，可事实并非如此。所以，不要动辄因为不公平或者不满意而心生郁闷，请珍惜相互之间的缘分，因为缘分是天注定的。

最后，我终于向邀请我的公司说"不"。从那以后，我的人生一直和松下电器一起走过，直到我辞去美国松下 CEO 的职位。

5.11 入乡随俗

在美国长期的商业往来中最大的一次危机还是 2001 年 9 月 11 日震惊全美乃至全球的恐怖袭击事件。当月，销售额锐减了一半。

在这种情况下，下一步的目标应该定位在哪里呢？

当时的人们都诚惶诚恐、战战兢兢，根本没有心思消费了。我觉得，自从"9·11 事件"发生以后，美国人的价值观、世界观甚至生死观都发生了很大的改变。

也因为这次恐怖袭击事件，美国松下的 8 名员工失去了自己至亲至爱的人。因为总公司就设在新泽西，所以大部分员工失去了一些朋友或熟人，那的确是一件让人肝肠寸断的往事。

我在总公司的一角建造了慰灵碑，还在那里栽了几株樱花树。

不久后，我从一名中国员工那里收到了这样一封信，信中说："'9·11事件'让我失去了哥哥，至今尸骨下落不明。不过，每天早上来公司一看到慰灵碑，就会隐隐地觉得哥哥安详地躺在那里……"

在那几年我就任美国总部部长的时候，中村邦夫社长边开玩笑边鼓励我说："第一个美国'当地'的负责人诞生了。"

的确，我在工作的时候总是把自己想象成真正的美国人，所以痛心于美国人的不幸、追悼逝去的无辜美国公民也是极其自然的。

其实建造这个石碑的想法并不是我的原创，幸之助曾于1938年（昭和十三年）在高野山为死去的员工建造了慰灵塔。

现在想想，我虽然身处美国，但思想却无时无刻不在受着幸之助的影响，行动也日渐相似起来。

一方水土养一方人，不同的环境孕育出不同的个性。"入乡随俗"这句古训无论是在自由奔放的美国，还是在色彩缤纷的日本，都同样适用。

只有熟悉那片土地，和那片土地上的人交往，成为那片土地上的人，才能搞活当地的人际关系，才能保证各种事情都顺利进行。

我的第一位美国老板
Manny Charach

松下之魂

第 **6** 章

共存共荣乃真发展、真繁荣

6.1 泱泱社会，万物相联

幸之助曾经说过：

> "在万物相联的社会里，某个特定事物的繁荣只能维持一时，而不能永远持续。如果不能实现整体范围内的共存共荣，就谈不上是真正的发展，也不能称之为真正的繁荣。"

1964 年（昭和三十九年）松下电器发展史上有名的"热海会谈"之后，其商品流通渠道的改革全面展开，即从生产逐步向大宗批发、中小型批发和零售转型。

关于松下电器主导下的销售公司整合以及资本运营的经过以后再叙述，总之，"共存共荣"并不是华丽的说辞，而要真正付诸行动——为了整体繁荣，必要时也要做出牺牲。

如前所述，松下寿是一个旨在开发满足美国市场需求的商品、实行特殊化经营的制造商，而我正是长时间和这样的公司一起工作。也就是说，松下电器既制造商品，又销售商品。如果用商业资本和产业资本的关系来解释，松下电器既属于产业资本，又站在商业资本的立场上与顾客进行交易。

近年来，既有像苹果商店那样制造与销售一条龙的企业，也有采用贴牌生产方式制造并销售自有品牌商品的零售企业，还有像沃尔玛与纸尿裤生产商宝洁公司那样因库存管理而形成的战略合作伙伴关系，所以不能简单地把商品制造方和销售方区分开来。

制造与销售"共存共荣"是最基本的。无论是商品也好，服务也罢，如果不能制造出可供销售的东西，又何谈销售？

我们既要适应流通领域里世界范围内的合纵连横，也要适应泛在社会（通过电脑、手机等媒介随时随地与任何人进行信息交流）中的数字电子产品。这个观点在 21 世纪的商业运作中不可或缺。

那么，日本的产业界应该如何应对这样的经济浪潮呢？下面就凭着自己曾在美国积累的经验探讨一下吧。

6.2 只有做到深入的地方化，才能实现广泛的全球化

索尼公司的盛田昭夫曾经说过：

"全球化不等于丢弃地方化。"

他的话正应了"入乡随俗"这句古语。

美国有 3 亿人，这是一个人种和个性多样化的庞大人群，他们住在相当于日本国土面积 25 倍的广阔土地上。

所谓合众国也是合州国，包含东海岸、中西部、南部、西海岸地区，而在每一地区中城乡居民也喜好各异。

新产品往往兴起于西海岸。超薄平面电视机首先吸引的是居住在西雅图、旧金山、洛杉矶等西海岸大城市的市民们，接下来居住在东海岸的人们成为这股潮流的追随者，随后这股潮流向中西部地区波及，最后流传至南部地区。

不过，他们的喜好并不完全相同，白色外壳的电视机在洛杉矶和佛罗里达很畅销，而在保守的中西部或南部地区，黑色或木纹色调等色彩厚重的电视机更受欢迎。

当然，受成本制约，想形成相当庞大的产品阵容有些不切实际。

尽管如此，在中西部等地区，如果没有仿古红木落地式豪华电视机在店面坐镇，其他商品就不能摆放到商店里。

一般来说，生活在大城市的消费者总会到处奔波，因此也非常了解全球商业动态。西雅图和洛杉矶住着一些亚洲人，他们和日本人一样青睐于轻便小巧的商品。可是，在注重稳定感、倾向于厚重的中西部或南部地区，这样的商品是很难畅销的。因此，日本制造商所做的市场调查几乎是针对各城市分别统计的，而不是全体美国国民的意向。

20 世纪 70 年代初期，松下电器销售球型收音机的时候，曾对收音机的颜色偏好作了分析调查。

调查资料表明，根据国家的不同，人们的喜好也不尽相同。日本人喜欢彩色，中国人喜欢红色，中近东地区的人们喜欢金色，而美国人则喜欢像鳄梨绿、火焰红、香槟金那样的原色。很多日本人所喜欢的粉色收录音机如果放在美国，可以说根本没有市场。

有时候关于某种商品能畅销的预测会完全落空，有时候商品也会出乎意料地成功打开市场。在日本广受好评的面包机在美国却门庭冷落，被认为没有需求的电饭锅却意外地成了紧俏商品。但美国人不是用电饭锅做饭，而是把它作为蒸锅使用。

电视摄像机在日本几乎无人问津，可是像前面叙述的那样，这种机器在美国却取得了爆炸式的成功。进入 21 世纪以来，松下电器一举成为美国电视机市场上的龙头老大。

6.3 ✦打开思路，方为生财之道✦

不仅仅要考察美国各地区人们的细致需求，更为关键的是调查各地区人们的收入状况。也就是说，必须根据当地顾客的购买力情况来设置产品阵容和设定价格。

在美国，收入最高的 1% 人口掌握了近 40% 的财富。近年来，日本年收入 300 万日元以下的人口比例接近 4 成，而美国这个世界最富裕的国家其中产阶级人数却很少，是发达国家中人口贫困率最高的国家。可见，美国社会两极分化现象相当严重。

因此，根据各个阶层收入方面的差别，将商品依次分为低、中、高档，相应地，把商店也明确地区分为沃尔玛和 COSTCO 等平价超市、Best Buy 等超级商店、专卖店。

低档商品被叫做白银（好的），中档商品被叫做黄金（更好的），高档商品被叫做白金（最好的）。商店里经营各种各样招揽顾客的商品、主力商品、品牌商品。例如，10 年前平面电视刚刚开始普及时，价格相对便宜的背投电视是白银，像素低的等离子电视或者 42 英寸以下的液晶电视是黄金，超过 50 英寸的高像素电视是白金。

现如今，随着技术的不断进步，电视的价格不断下跌。

平价超市里摆着 42 英寸、1 000 美元以下的低像素电视，超级商店中放着 50 英寸、1 200 美元以下的电视，高级电器专卖店里展示着超过 60 英寸、1 500 美元以上的大型高清电视。当然，电视价格会根据销售情况有所调整。

有的店面不配备店员，商品全都堆积在地板上，需要顾客自己运货到家；也有的店面配备能准确详细地进行商品介绍的店员，并且提供送货安装一条龙服务。

要应对像美国这样各阶层收入差别悬殊、地区色彩浓重的巨大市场，对分销渠道的有效管理是十分必要的。这让我一直很头疼，但换个角度想想，最需要动脑筋的地方往往也是最能体现自我价值的地方。

幸之助教导，遇到困难，千万不要钻牛角尖儿，要打开思路，懂得变通。他说，愚公移山不可取，应该采取更加灵活的方式。

> "只要自己灵便地挪一下，不就是开辟了一条新的道路吗？"

第3章曾提过，在松下电器，稻井率领的松下寿、竹冈敬一和青沼博二负责的九州松下（主营音响器材）针对美国市场的各种需求进行新产品开发和生产。

对于像松下电器这样拥有庞大的产品阵容（从电饭锅、吸尘器、电熨斗、干电池到音响器材、等离子电视）的综合家电生产商来说，与竞争对手一决高下的关键正是灵活的生产运作体系及对复杂的分销渠道的高效管理。

6.4 🏃 商品销售三因素：价值、性能、需求 🏃

下面简单介绍一下美国市场的特征。在注重公平交易的美国，制造商不能强制为卖场定价，其发往各分销渠道的产品必须统一定价。这是基于让消费者从自由竞争中享受到最大优惠的考虑。

在像 COSTCO 那样经营中低档商品的美国平价超市中，没有人索取详细的商品说明，顾客几乎都是自行运货与安装的。所以，这样的仓储式超市里摆放的都是些安装简单、操作便捷的商品。同时，为了压低商品价格，也尽量选用通用性强的材料。当然，如果过多地压低价格，性能就会下降，商品就会滞销，这在全世界都是一样的。

> 为了使各渠道有所区别，就需要改变材料，改变商标，在细微之处寻求差异。例如摄像机，可以在 CCD 性能、变焦镜头、液晶屏、电池、赠品等方面有所改变。

别看事情琐碎，这样的细节恰恰是在美国开展业务的关键。随着价格差异的拉大，应该一点点地改变产品性能或赠品。

如果要把同一款摄像机的价格降到原来的一半，单纯把变焦

镜头功率减半则很难被认可，因为性能降低了。可是，如果在把
变焦镜头功率减半的同时，把液晶屏尺寸扩大 2~3 英寸，那么，
无论在出售中低档商品的普通商店还是在服务周到的专卖店，商
家都很容易给顾客一个合理的解释。

灵活地扩展产品阵容，生产适当数量的产品，出售迎合市场
需求的商品，这就是松下寿针对美国市场的运营原则，也正是美
国市场需要松下寿的理由所在。

实际上，只要是顾客需要且价格合理的商品，便不愁畅销美
国，还可以尽情地享受在这里开展业务的无限乐趣。

但是，美国顾客还是趋于保守的，不像日本人那样乐于接受
新事物。

在成为美国松下会长之前，索尼公司的美国负责人曾问我：
"松下也不接受我们的 MD 吗?"于是，我试探着问了一下美国
松下的市场部营销人员，他们都面露难色。

美国消费者好不容易放弃了从前的盒式录像带，改用 CD。
后来当 MD 进入市场时，却造成了市场混乱，理应作罢。即使新
型多媒体产品上市，他们也不能一下子被吸引。最终，索尼公司
放弃了在美国市场推广 MD。

虽说摄像机是记录媒体之一，但从磁带到 DV、CD、SD 存
储卡，再到小型硬盘，变化之快令人惊叹。

在 VHS 格式摄像机刚刚问世的时候，也有插入磁带式的摄像机出售，与扛在肩上的摄像机类似，是针对普通用户、价格低廉的通用摄像机。虽然这种摄像机由于体积大、不便携带而在日本市场滞销，但却在相当长一段时间内占领着美国市场。

6.5　VIZIO 公司的成功之道——EMS 模式

2007 年（平成十九年），全球超薄电视机销售额位于首位的是三星电子，LG 电子次之。这两家韩国企业之所以能够迅速发展壮大，是因为它们的产品阵容能在很大程度上满足市场需求。

可是，就在这一年，美国的超薄电视机市场掀起了轩然大波，三星电子的老大地位受到了极大威胁。然而，威胁既不是来自索尼，也不是来自飞利浦，而是源自一家之前根本没有名气的公司——VIZIO 公司。这家位于加利福尼亚州的公司成绩斐然，其销售额大约为 2 000 亿日元，它的成功是美国派的梦想。

VIZIO 公司的创始人出生在夏威夷，是个有着中国台湾血统的美国人，名叫威廉一世。2002 年（平成十四年），他卖掉自己的住宅，并以此为启动资金开始创业。

他首先建造了一个厂房，并雇用了大约 100 名职员。当时，工厂主要生产 30 英寸、40 英寸的超薄电视机，其每台 700 美元左右的超低价格引起了人们的广泛关注。

　　他的产品价格凭什么如此低廉呢？首先，他把产品定位为美国最受欢迎的超薄电视机。其次，他选择了仅收取 10% 佣金的平价超市 COSTCO 作为分销商。此外，最重要的是，他还灵活地利用了 EMS。

　　所谓 EMS 是指电子设备领域的外包企业。其中不仅包含制造企业，还包括从事开发、设计、融资、维护的企业。专门生产产品的集团无论在设备方面还是在技术方面都与 OEM 和承包有所不同。

> 　　对于制造商而言，外包的优点在于，仅在必要的时候生产满足需要的产品，从而控制了人员开支，限制了不必要的设备投资。

　　实际上，美国的商业资本利用 EMS 不断地生产出自有品牌的产品。

　　虽然生产融入了最尖端技术的高级产品很难，但是就仅仅将通用部件组合而成的普通产品而言，不仅易于生产而且造价低廉。

　　如果能像 DVD 机那样将价格由 100 美元骤降到 30 美元，那么用不上 3 年时间，就会对现有的制造商构成很大的威胁。

　　VIZIO 公司所需的零部件全部购自中国台湾等地的合作伙伴那里，再委托其他生产商组装，最后用货船将产自中国大陆和台湾地区的产品运回美国。

　　这样的商业模式对于其他产品也同样适用。例如汽车导航系统或音乐唱机等终端，需求急剧膨胀，很适合利用 EMS。不过，遗憾的是，EMS 模式在佣金较高的日本难以实现。

　　另外，VIZIO 公司缩减了行政部门的岗位数量，尽量控制人员开支。

　　据说该公司在经营方面基本由威廉一世全权掌管，但为了在谈判时与美国的商业资本进行有力的竞争，高层管理者拥有一定的自主决策权。

　　只有社长才是最强的经营者，这一点本来在任何一个行业都毋庸置疑，可是总公司集权体制下的大型制造商却并非如此。

　　仅就薪酬而言，其部门经理级别的员工年收入达到 1 000 万日元也不罕见。组织规模越庞大，间接费用就越发成为企业的负担。

　　不过，幸之助无论对哪家公司都绝不使用"分包"这个词，而是基于共存共荣的理念把它们称作"合作企业"或"合作工厂"。

　　总之，EMS 模式与"松下流派"的竞争一直以来都异常激烈。

6.6 挑战 "松下理想主义"

事实上，我本人曾经因为一些小事接触过 EMS 模式。

大约在 2 年前，一位名为 K 氏的实业家邀请我一起创业。这位来自中国香港的实业家是我的老朋友，曾在美国的一家大型零售商负责香港地区的采购工作。

他想创办一家专门生产超薄电视机的公司，像 VIZIO 公司那样利用 EMS 实现产品的低成本、高质量，并在美国运用特定的分销渠道与竞争对手一决高低。K 氏还希望我能出任 CEO。

听了 K 氏的提议，生来就无拘无束的我想了很多——就松下电器提供的员工职业生涯发展来说，我在美国松下已经做到了最高职位，可以说很不错了，不过，我还是感到了一丝羞愧。在我辞职后，曾按照公司的经营方针一手培养的副社长级别的人才都在企业改组时被解雇。

一直以来，我都自诩为幸之助的信奉者，努力创建一家 "以心待人，以情感人" 的公司，即幸之助理想中的 "松下理想主义" 王国。那些被解雇的朋友中，既有在 HP 或三星电子等企业实现再就业的，也有因暂未找到合适的工作而赋闲在家的。如果创业顺利，我又能和他们一起工作了。他们本来就非常优秀，所以成功也就……

　　在 K 氏提议的 3 天后，我登门造访，随同前往的有松下时代的系统管理员、销售主管、会计师、电池部门和出口部门的负责人。加上我和 K 氏，员工名单上共有 7 个人的名字。我模仿电影《荒野七人》（The Magnificent Seven），将我们笑称为"七武士"。

　　我们立即着手展开工作。首先针对市场上超薄电视机平均每台 1 500 美元的售价，把产品价格定为 900 美元，并准备开发 2 种高清电视和 2 种数字电视。其次把佣金便宜的平价超市作为销售平台。这样算下来，每台大约能有 50 美元的利润，一年应该能实现 500 亿日元的销售额。

　　策划完毕后，我们决定利用中国的 EMS 进行生产。

　　在最初销售样品时，日本制造商的同类产品售价约为 2 000 美元。不过，当年 9 月，价格便下降到每台 1 500 美元，竞争进一步加剧。当然，在此之前，一切与预想一致。

　　历年 11 月，沃尔玛都会举办"黑色星期五"促销活动，打出的价格令人吃惊，其他商家也会相应地降价。果如所料，日本制造商将价格降至 1 200 美元。在这样的情况下调整存货还有意义吗？这已经是一个相当低的价格了。

　　降价的速度有些超乎想象，照这样的形势发展下去，年末的圣诞商战中还会面临进一步降价的挑战，某家公司已经摆出了

1 000美元的样机。

我们愕然了。相对于售价为 1 200 美元的同类产品来说，我们提供的售价为 900 美元的产品还是很有竞争力的，可是如果面对 1 000 美元的挑战恐怕就力不从心了。结果，在那个年末商战中，所有的超薄电视机厂商都没有捞到好处。

次年 4 月，经过商议，大家一致认为，如果继续这样经营下去，就会面临亏损压力。"七武士"不得不宣告解散，我的"松下理想主义"的梦想就此破灭。

> 如果不能产生利润，企业就只有死亡。

不过，我还是不死心，仍然心想着有效地利用优秀人才，有朝一日实现"松下理想主义"的梦想，和从前的朋友们一起快乐地工作。

6.7 中国将成为"世界工厂"

20 世纪 60 年代，中国经济曾止步不前。后来，由于改革开放政策渐渐取得成效，才实现了经济的快速发展。

中国为日本最大贸易进口国（遥遥领先于其他国家）和日

本第二大贸易出口国（仅次于美国）。在中国这个巨大的"世界工厂"，训练有素的工人不分昼夜地辛勤劳作。

近几年，"Made in China"的产品质量已经比以前提高了一大截，吸引了大量来自世界各地的 OEM 或 EMS 订单。

很多人从中国台湾挤进了中国大陆的经济界。生活文化圈、经济圈已经没有了中国大陆和中国台湾的区别。

日本的电子产品和汽车在世界上一直很受欢迎，不过，美国人的目光已经开始从日本向中国转移。即使在商界，美中两国也能超越经济体制的障碍，成为直接的商业合作伙伴。

如果在美国举行演讲，日本人不大受欢迎，相反，能吸引更多听众的是来自中国或韩国的演讲者。

现在，从纽约起飞的美国联合航空公司的航班越过东京直飞北京，从欧美各国出发的航班也都不在日本经停而直飞北京。正像很多人批评的那样，日本机场的基础设施尚不完善，没能成为亚洲旅客和货物的集散地。

6.8　让中国的发展借鉴日本经验

中国的技术水平目前还比较落后，需要大量地吸引外资进行生产。戴尔的计算机、苹果的 iPod、任天堂的 Wii 都是在中国贴牌生产的，但是，理念、设计等重要环节仍是在中国境外进行的。在 EMS 中，在中国大陆设有工厂、业务规模为 5 万亿日元的鸿海集团也是台资企业。

现在，中国成熟的自主品牌还很少，世界知名的中国品牌只有家用电器制造商海尔。和产业资本一样，商业资本也不够发达。在我授课的大学所在地大连，零售行业被沃尔玛、家乐福、麦德龙、乐购等外资企业所垄断。

中国幅员辽阔，自然资源丰富，人口规模庞大，可以说是卧虎藏龙，潜力无限。近年来，中国人民的经济状况和生活水平也都步入了快速提高的阶段。上海和深圳的发展程度已经和发达国家没什么差别。

但是，作为邻邦的日本，可能难免对这个意识形态不同的大国拥有莫名的恐惧，相关媒体上出现了一些略显幼稚的论调，对中国和中国人毫无根据的诋毁抑或有意图的误导也不罕见。

毋庸置疑，中日两国之间应该消除隔阂，日本人挑剔的毛病也应该好好改一改了，应当学习一下美国人取长补短、积极思考的思维习惯。

如今，日本是世界经济强国，在技术水平、生产能力、劳动力方面都居于世界顶级水平。不过，20 世纪 60 年代处于高速发展期的日本和现在的中国一样，也是拥有勤劳而廉价的劳动力，从接受来自世界各国的订单开始发展起来的。同时，把欧美的先进技术学到手，再加上精心改良，把大量的产品销往世界各地。在这一点上，日本经济发展的经验还是值得借鉴的。

6.9 　"共存共荣" 才是根本

"产品制造"是日本的传家之宝，是曾经最为擅长的领域。

不过，现如今，"金砖四国"（巴西、俄罗斯、印度、中国）的生产力快速提高，生产出大量物美价廉的产品。2008 年印度最大的汽车制造商塔塔汽车公司推出的小型"大众车"仅售 30 万日元。

考虑到价格竞争因素，要想完全在日本国内生产已然不太现实，松下寿能在劳动力便宜的四国成功进行地域性的分工已经是过去的事了。

如果在国内整体工资水平上涨的情况下进行生产，那么与海外同类产品相比将毫无竞争力。

目前，好像有很多日本企业因为担心技术外泄而对是否要在海外外包犹豫不决。在非常邻近的中国，徒有大量优秀而廉价的劳动力，却不能有效利用，想起来有些愚蠢。其实，只要管理层加强人员管理和工序控制，实现技术保密并不是没有可能的。

从材料采购、制造到销售整个体系全部设在本国国内是有局限性的，福特汽车公司意识到了这一点，转而去邻国加拿大开展外包业务。我认为，这种把生产工作向全世界分散开来、在全球范围内培育产品市场的理念对企业今后的发展是非常重要的。

世界上由于能够有效地使用中国的劳动力而幸存的制造商有很多。目前，不只是制造环节，有很多厂商从订货、包装直到送货环节也在中国进行。事实上，如果从 24 小时昼夜服务的香港国际机场发货，3 天后就能到达美国。因此，在中国香港开展外包业务几乎成为时代的潮流。

中国企业要想制造自主创新产品还需要时间。所以，无论是 OEM 还是 EMS，只要日本拥有技术的主导权，产品制造就可以委托给成本低廉的中国。这样做并不意味着被中国夺去了工作机会，而应该视作开发和培育中国市场。

只有立足于产品利润的提高，才能纵观全局，运筹帷幄。如果幸之助健在，一定会在中国开展外包业务。

20 世纪 90 年代初，中国企业在日本最初结识的商业合作伙伴就是幸之助。

当时，松下电器在门真市周围的中小企业开展外包业务，并且通过并购而逐渐扩大规模。幸之助不把这些中小企业叫做"分包商"，而是称之为"共荣公司"、"共荣工厂"，在这里培养人才、传授经营理念，即使在附属医院的福利方面也给予同样的待遇。他把住在城镇里的电器商人的子女送到松下开办的学校，并提供在松下电器短期实习的机会，此外还出资帮助装修店面。有了上述经验，日本完全可以在中国或东南亚国家谋求"共存共荣"。

> 　　幸之助的"共存共荣"哲学理念不是出于某个国家的考虑，而是指全球范围内自强自立、志同道合的人们互相支持、共同富裕，这才是经济全球化时代的最佳商业模式。

我在中国大连谈论业务流程外包

松下之魂

第 7 章

与其售前恭维，不如售后服务

7.1 ⚡比维系自身销售更重要的是提供生活物资⚡

近几年在日本，网络销售和电视购物等直复营销方式非常流行。这和幸之助构建的销售网络有相似之处，只不过形式不同。

例如，家里有上小学的孩子就需要购买铅笔刀，有上中学的孩子就需要购买自行车，城镇的电器商人非常了解顾客的日常需求。于是，松下电器的产品阵容不断扩展，从电动铅笔刀到自行车应有尽有，以满足顾客的广泛需求。

作为企业组织，就是应该能够满足顾客的需求，无论何时何地，也无论顾客需要什么。

以前，同样的商品在不同的商店里价格参差不齐，一部分商品的定价表现出很大的随意性。幸之助基于"共存共荣"的理念，进行了"实价销售运动"。

所谓"实价"，即适当的价格。1935 年（昭和十年），幸之助制定了"加盟店制度"，在以适当的价格售卖的同时，提供热情周到的服务。后来就出现了国有商店店会这样的销售网络，直复营销的萌芽出现了。

当然，这样的销售网络并不是自然而然地扩大到全国。下面介绍一个代表性事件吧。

1959 年（昭和三十四年），被伊势湾台风①直接袭击的名古屋及周边地区遭受了巨大的灾害，很多商店都被洪水淹了，电器商店也一样，很多商品不能销售了。这个时候，其他制造商都在帮忙清理店面，尽快调换商品。这固然重要，可是对于受灾者来说，头等重要的是生活必需品，所以松下电器向灾区送去了够几天用的水、米和味精等，我猜想这可能是幸之助的指示。

比起维系自身销售，把保住受灾民众生活作为头等大事的松下电器的无私姿态让电器商人们非常感动，于是很多店面借此机会跳槽到了和松下关系比较密切的国有商店。这样，名古屋的销售网络一下子变得坚固了。

松下电器在日本国内一直能够维持很高的销售额也正是因为有这样的商店网络。不依赖量贩店也能实现良好的销售业绩，这种精诚团结的力量正是松下的过人之处，也是产业资本能够掌握主导权的理由。

当然，这样的商店正一点点地被时代的潮流所吞噬。和互联网不同，它们不能 24 小时营业。而且，如果周末不休息，店主的身体也会吃不消。即使是想扎根于某一个地方持续经营的电器

---

① 即 1959 年（昭和三十四年）9 月 26 日在纪伊半岛登陆的台风，罹难和失踪者达 5 098 人，房屋、田地、堤坝和船舶等遭受严重损害。

商人们，也会为店铺的继承人问题而烦恼。

我觉得幸之助从经营哲学到人生指南都有着很强的自信，可是，他那将全世界的迷你松下做成"理想乐土"的美好梦想尚未实现。如若经营之神泉下有知，光是这件事也只能让他苦笑吧。

7.2　"热海会谈"和销售渠道改革

下面，我们来回顾一下"热海会谈"事件。1964 年（昭和三十九年），幸之助在静冈县的疗养地热海聚集了全日本 170 家销售商和代理商的负责人，让他们说出对"总管辖"的松下电器的全部不满和希望。

这时，由于世界的贸易自由化加上金融紧缩，持续高速增长的日本经济也停滞不前。松下电器自 1950 年改组以来收入和利润同时减少尚属首次。家电商品的销售额下降，街上满是欲罢不能的大甩卖，商品黑市交易横行，松下电器的全国销售网络也是一片混乱。

来自销售渠道的不满是由于销路复杂、关联公司过多而导致结构性过度竞争，因此需要尽快整顿销售渠道。当时，已经辞去会长职务的幸之助在历经了 3 天共 13 个小时的会谈后，一边流泪一边说道：

"出现了今天这样的困难局面，一半原因是日本经济和行业的混乱。不过，这与我们公司习惯于良好的经济态势，一直安逸地工作也不无关系。与其责备我们所依赖的销售商，不如首先改正自身的错误，在此基础上，也诚恳地请求销售商切实加以改善。这是我们走出困境的唯一途径。销售额减少不是此时此刻要解决的问题……"

此后，幸之助从会长回到了营业部代理部长的职位，工作战斗在销售最前线。改革的要点有三个，即"一个地方一个销售商"、"事业部和销售商直接交易"、"新的按月分期付款制度"。

幸之助作为带头人，与负责人们认真地反复协商，决定将多家销售商和代理商汇集成由松下电器注入资本的销售公司。

日本的制造商有很多，销售渠道也多种多样，如大中小型批发商和零售商等。不只是松下电器，日本几乎所有的家电制造商都拥有自己的零售连锁店，这是因为生活在狭窄土地上的1亿多人口为了糊口必须共同分摊一点点利益。

在美国，零售商往往是采取买入商品的方式，在日本却不然。如果采用美国式的流通渠道，突然倒闭的商店一定会很多。日本的零售店通常采取不留存货而是依赖家族主义的销售方式。

在美国，就职于知名的大型量贩店的年轻人很多，这一点和日本相同。

美国不仅有拥有庞大商业资本的巨型商店，也有代代相传的电器商店。我也曾经在美国统领 150 家店铺，正因为它们都在残酷的竞争中存活下来，所以只要你到处走一走、看一看，就会发现这里尽是些优秀的商店。

丈夫作为优秀的经营者，妻子负责会计工作，再雇用一些有着良好技能的技术人员。在商店里工作的人都像自家人一样和睦相处。他们的客人是当地的富裕阶层，对于电器不大了解，也不会给家用电器接线。所以，即使商店的价格比量贩店稍高，他们也愿意来商店购买商品，以求获得从送货到安装的一条龙服务。

无论在日本还是在美国，很多"城镇电器商人"通过提供热情周到的服务来巩固生意、确保利润。

7.3　打造"永久顾客"

"售前的恭维不如售后的服务，这是创造永久顾客的不二法门。"这是幸之助的名言。

随着《日本大规模店铺选址法》的修订和之后规制缓和政

策的推出，日本小型零售店只能无可奈何地苦战着。

市区的很多电器商人都因继承者和资金短缺而烦恼，最终存活下来的还是提供从商品说明到送货安装、从遥控的使用方法到天线的安装工程一条龙服务的商家。只需一个电话，就能上门为顾客提供热忱周到的售后服务。

日本的仓储式折扣店越来越多，店里摆放的商品即使没有详细的使用说明也便于使用。而城镇的电器商店不能摆放过多的超大型冰箱或洗衣机，所以，商品阵容的设置应充分考虑电器的功能、价格等因素，以便符合不同销售渠道的需求。

和美国不同，日本的顾客很挑剔。只要性能、价格、使用便利性、外观等方面有一点不尽如人意的地方，商品就会滞销。如果是稍微老一点的机型，即使降价处理，也可能无人问津。

所以，在日本市场，要尽量上市最新的机种，具有最高的性能，或者也可以这样说，追求顶尖商品是日本市场的特征。

但是，如果商品的生命周期很短就不能大量生产，所以要想实现多机种、多价格的差别化生产是很困难的。

在美国，每年只推出一个新机种，COSTCO 针对一个机种可以购买 25 万台，而如果像沃尔玛那样规模的商店，一个机种则可以购买 100 万台。因此，当然能把价格降到一个很低的水平上。

遗憾的是，日本还没有一个具有如此强劲购买力的量贩连锁店。在日本，产业资本即制造商的力量非常强大。因此，幸之助改革流通渠道，直接设立销售公司，制造了国有商店店会的网络。

各个制造商拥有独自的零售商店网给量贩店造成了很大的压力。即使是制造商，如果全国到处都有能够提供细致服务的商店，就算不依赖大型量贩店也未尝不可。

后来，这个构造也渐渐发生了变化。可是，不管怎么说，应该警惕为了销售而不择手段的情况。各种各样的商品如果没有相应的销售战略和经营哲学，别说共存共荣了，最终制造方和销售方都得同归于尽。

即使在商业资本强大的美国，"共存共荣"依然是经商的关键。买卖双方面对着各种各样的"选择"和"被选择"的机会。也就是说，以平等关系为大前提，零售商可以选择能够均衡顾客需求和自身利润的商品，制造商也可以选择能够适当提高利润的零售店。

7.4 商业资本占优的美国

被称作直复营销鼻祖的蒙哥马利·沃德公司曾于 19 世纪末在政府的支持下，无偿向全美各个家庭发放一份厚达数千页的商品目录，承诺一揽子购入的话就可以实现低价格。于是，沃德公司就这样快速成长起来了。当时，连住宅、汽车等都标有沃德公司的品牌。随着商品种类和顾客的增加，其对制造商的影响力也越来越强了。

但是，沃德公司在 20 世纪 80 年代却从零售业的巅峰一落千丈。回顾过去 20 年间位居美国前 20 位的家电零售企业的发展状况，至今还能屹立不倒的只有 6 家，剩下的不是破产了就是被并购了。如果仅看过去的前 5 名，情况更为凄惨，竟然连一家公司也没剩。

在美国，商业资本之所以拥有很强的主动权，是因为残酷的优胜劣汰有助于零售经营和知识积累。

特别是 AV 机器、电脑或电子设备等很容易受到时代发展和顾客需求变化影响的商品，如果商家不能快速准确地应对时代的发展和市场需求的变化，就会被市场淘汰，这是美国残酷的现实。

为此，他们做出了非同寻常的努力，与能够最大程度地进行供应链管理（SCM）、供应商管理库存（VMI）的制造商合作，与制造商分摊费用，以提高净利润为目标。他们大力开展能节约人员开支的自助服务，采用商品目录销售、会员制销售、电视购物、网络邮购等各种销售方法。

在日本，产业资本拥有主动权，构建覆盖全国的销售网络。可是，就美国的商业资本而言，从西部开发时代起，就建立了让商品在广阔的土地上广泛流通的体系。对于那种顽强的商品销售体系，覆盖全美国的流通机能，连通用电气都得甘拜下风。如果不借助它们的仓储、物流、店铺的力量，要想在美国销售商品是行不通的。

根据 2008 年的资料（按 1 美元 = 100 日元换算），下面是世界上零售业排名前 5 位的公司：

1. 沃尔玛（美），34.5 万亿日元

2. 家乐福（法），9.8 万亿日元

3. 家得宝（美），9.1 万亿日元

4. 乐购（英），8.0 万亿日元

5. 麦德龙（德），7.5 万亿日元

沃尔玛不愧为零售业的巨头，抢占了绝对的领先地位，而日本的零售业内连跻身前 10 的企业都没有，Seven&I 公司以 4.4 万亿日元位居第 15 位。

可是，这个现实在日本国内似乎没有受到重视。家乐福从日本退出的时候，媒体称家乐福输给了日本的零售业，这好像有一点点偏差。

海外的工作伙伴经常对我发牢骚说，进入日本市场的门槛太高了。

即使修订了《日本大规模店铺选址法》，并推出了规制缓和政策，仍然受到地方保护主义的抵抗。想要开分店也无法确保能得到交通便利地段，再加上日本在制造、批发、采购等方面具有日本特有的商业习惯，想要进入日本市场是很困难的。日本市场堪称"世界上最封闭的发达国家市场"。

7.5 美国人之人情

对我来说，在美国结交的朋友们都是宝贵的财富。年幼时的我体弱多病而且消极悲观，没想到长大后却非常喜欢与人打交道，建立人际关系。所以，在美国工作期间，即使偶尔会闹出和对方关系不融洽的事，最后还是会设法重归于好。我的内心一直充满诚意地努力维持良好的人际关系。

当然，也不能和刚认识的人突然成为好朋友，培养感情还是需要时间的。如果没有共同谋事的经历，想要顺利地进行感情交流也不那么容易。

1988 年（昭和六十三年），我在担任东海岸营业所负责人的时候，曾有过这样的经历。

当时，松下电器和美国第二大家电零售企业 Circuit City 只进行立体声高保真收音机的交易，难道不能再销售其他松下产品吗？为此我开始跑业务。

Circuit City 负责商品的副社长 Walter Bruckhart 是业内的知名干将。第一次洽谈的时候，看都没看我一眼，冷淡地说："制造商光想要从零售商处得到利益，那样是不行的。如果不以共存共荣为目标和对方合作，是不能进行商务往来的。"

我反驳说："松下采用事业部制，因此子公司很多，优秀人才也不少。希望你们来一次日本，这样的话，就会明白我们是商业伙伴的合适人选。"

那个时候，美国的买方一来日本，制造商就千篇一律地招待他们"在餐馆看艺妓"。他们非常讨厌这样的招待，所以很冷淡地说："那也不过是些没有意义的喧嚣吧。"

我不肯罢休，继续说道："一定会是一次有意义的访问，请你们来日本吧。"终于，Circuit City 的管理层接受了邀请。我设想着让他们参观松下的电视工厂，并介绍关联方一起陪同。

不管怎么说应该能够建立起和他们沟通的渠道，对于这方面，我还是很乐观的。但实际情况并没有想象得那么简单，尽管已经按照 Walter Bruckhart 的要求，接待尽量简朴，可是无论怎么动脑筋，他们就是不愿开诚布公地进行交流。

在日本逗留期间，他们也向松下电器以外的日本制造商提出了各种各样的建议。不过，可能因为要通过翻译，所以很多繁琐冗长的话不能顺利地传达，Walter Bruckhart 非常焦急。

于是我提议："要想便捷一些，不如制作一份日语资料吧。"提议终于得到应允。

我在住宿的宾馆雇了一个帮手帮忙翻译，和 Walter Bruckhart 一同工作，趁机还能说些私人话题，一点点就互相对对方产生了兴趣。可能因为我不在美国松下总公司任职，而只是一个营业所的负责人，所以谈起话来比较放松，终于顺利地实现了和 Walter Bruckhart 的感情交流。

因为美国人是非常直率的，所以如果和美国人交往，比起在饭馆或日本料理店会餐，还是吃些平时吃的东西比较好。可以去比萨店，或者在六本木①的摇滚乐咖啡馆放松一下。

辛苦构建起来的关系网自然是非常坚固的。不久，和 Walter Bruckhart 的商务往来也频繁了，交易范围也扩展到立体声高保真收音机、电视机、摄像机等产品，交易额最高时超过了 500 亿日元。

此后不久，和 Walter Bruckhart 一起回到日本的某一天，正

---

① 六本木是日本的一个街名，这条街以夜总会、俱乐部等活动场所众多而出名。

在处理异常重要的工作时，突然接到了父亲病危的噩耗。因为工作紧急，只能和家里通电话，所以那时的我一个劲儿地担心，在我的脸上几乎看不到平静的时候。他问："Don，有什么烦心事吗?"我不由地倾诉道："一直在美国工作，没有机会回到故乡冈山，现在父亲病危……"于是他说："我的父亲是煤矿工人，平时总是不停地工作。以前生活很贫穷，可是一到夏天就经常带我到公园玩。不过，因父亲总去煤矿而没能充分地体谅父亲，我总是心怀懊悔。所以，你虽然工作繁忙，身担重任，但一定要去看望父亲啊。"而且，他还让我带上了一大兜水果。

美国人也有故乡，有普通的生活。被称为干将的他让我看到了他真实的一面，那是连直属部下都不曾了解的真实表露。从与他交往的过程中，我发现其实美国人和日本人都一样，有着浓浓的人情味。

7.6 不畏困难，力求转机

我平时几乎不喝酒，这在日本进行商务接待可能是个不利的条件，可是在美国，比起喝酒，如果能利用共同的兴趣来增进友情往往更好。而日本和美国的兴趣标准也有那么一点点不同。例如打猎，在得克萨斯州的沙漠有剧毒的响尾蛇，如果被咬，那后果可能会相当惨烈，所以必须一边留意伙伴一边捕获猎物。带着

125

这样的目的和客人去打猎并一起过夜，捕猎归来时就成为"铁哥们"了。这也许是命运相连的一种团结感促进了彼此之间的交流吧。

我开始学习打猎也是源于工作上的交往。有一次，和年销售额1 000亿日元的一家西海岸的家电量贩店发生了纠纷（在美国这是常有的事），有大约2 000万日元的账对不上，负责人提出："出了这么大的差错，今后不能交易了。"

在美国公司内部，各部门负责人都有一定的权限，比我这个社长发布的命令还要有优先权。这边宣称发货了，对方硬是说没收到，各说各的理，终于量贩店那方面说话了："终止和松下的交易。"

因为年交易额能达到10亿日元，所以我方处于弱势。

我方认真地核对了相关的文件，找到了发货的发票，但是收据上却没有签字，也就是说商品的去向不明。我想，因为这关系到双方的利益，所以去对方那里进行交涉应该是情理之中吧。

"如果松下的当地代表特意到量贩店去洽谈将会怎样呢？"在公司内部，此类意见很多。可是，因为这关乎到整体交易，所以，对于对方来讲，松下能派出最高负责人进行交涉应该是最好不过的。

> 幸之助说："要不畏困难，力求转机。"

最终，我带着负责人拜访对方，并提议："光是强调自己正确也无济于事，不如一一核对发票吧。"2 000 万日元的差额逐渐被找回，但最终还差 700 万日元的尾账对不上。

于是我开口说道："剩下的一人一半共同承担，这件事就这样了结了吧。"对方也点头表示赞同。

对方的社长说道："还是你来了，事情才得到妥善解决，换了别人就不好说了。"接着，那社长便愉快地邀请我去打猎。从那以后，我和他的家人也成了好朋友。

说句题外话，他经常携夫人参加商务聚会。在美国，夫妇一起出席商务场所一点也不稀奇，这就类似于工作上的安全保障。每当丈夫因为激烈的讨价还价而陷入僵局时，夫人就会介入其中交换信息给予丈夫指点。丈夫被解雇的时候，通过夫人们之间的交往找到工作的情况也时有发生。

我想，这一商业习惯的形成可能源于西部开发时代家人和朋友都互相帮忙的优良传统。

7.7 ⚔ "家人" 无价 ⚔

关于在巨型商场云集的美国因为提供热情周到的服务而存活下来的"城镇电器商人"前面已经写到了。其中一位电器商人至今仍使我印象深刻，他的名字是 Paul Goldenberg。

他在洛杉矶有家 300 坪①的商店，年销售额约为 50 亿日元，主要经营大屏幕电视机。20 世纪 90 年代后半期，他所经营的商店里大型电视机的年销售量将近 8 000 台，他也因此被称为南加利弗尼亚的 "King of Large Screen（大屏幕电视机之王）"。在他的商店里，95% 的电视机都是三菱电机制造的。

在很久以前，三菱就不仅仅依赖于大规模的量贩店，而是形成了以地方的中小型零售店为中心的销售网络，把"品质和服务"作为经营战略。买大型电视机的一般都是高收入阶层，三菱因为倾力于这一细分市场而获得了很高的市场占有率。

洛杉矶地区集中了电影、高新技术、医疗等多项产业，那里有像贝弗利山那样的高级住宅区，以高收入人群为目标。在这样的高级地段，"购买大型电视机即日送货安装"的宣传奏效了，Paul Goldenberg 由于对三菱产品提供特别服务，其生意异常

---

① 日本面积单位，用于丈量房屋或宅地面积，1 坪约等于 3.306 平方米。

兴隆。

我于 1993 年就任美国松下的西部地区销售公司社长，之前从未见过 Paul Goldenberg。

我想，如果能和他做生意，一定会收获相当大的利益。于是，我不断地打电话约他谈交易的事，可得到的回答总是"No，No，No"。

我的电话没有收到丝毫成效，周围的人都认为"无论我怎样做都是无济于事的"。我固执地对他人的声音充耳不闻，一个人去拜访了他的商店。

商店坐落在洛杉矶的郊外，店面不大，不过三菱制造的大屏幕电视机却整整齐齐地摆放着，每一台都被调节到最佳的色调，店里的销售员穿着整洁的衣服勤快地干活。

我一边思忖着果然名不虚传，一边走进商店，只见有一位白发苍苍的老年男子用眼神指示着身边的销售员。我一眼就认出他是 Paul Goldenberg，便立即拿出名片，进行了简短的自我介绍。

可是，却遭到他冷淡的应答："我对三菱电机以外的商品没兴趣，不要浪费时间，请回吧。"还没等我进入正题就先吃了闭门羹。

不过，吃闭门羹是我从推销电池的时候起就已经开始习惯了的事。而且，越是面对这样的对手，将来能够成功地进行感情交流给我带来的喜悦就越多。

自从那次以后，我拿着松下电器的商品介绍和技术资料多次拜访了 Paul Goldenberg，并且在某次拜访的时候，终于能够和他共进午餐，在聊天过程中，得知他对奥运会无比狂热。

他说他永远不会忘记洛杉矶奥运会给他带来的兴奋，还说一定要去看看 1996 年（平成八年）的亚特兰大奥运会。幸运的是，松下正是亚特兰大奥运会的正式赞助商。

我说："从开幕式开始到闭幕式结束，无论多受欢迎的比赛都能看到。"他立即拍巴掌说："太好了！不邀请我去吗？或许能和松下电器达成交易。"于是，我马上把他加入受邀人的名单，并将他送往亚特兰大。

可是，亚特兰大奥运会结束后，Paul Goldenberg 还是一点也没有要和我开展交易的意思。

我在拜访时，一再催促他开展交易，而他总是边吃便当边重复着亚特兰大奥运会的美好回忆。终于，他说出了"还想去看长野冬季奥运会"的想法。他毕竟是今后有分量的顾客，是粉碎三菱老巢的具有战略意义的零售商店。

我想，对于 Paul Goldenberg，比起"Give and Take"，还是"Give，Give，Give and Take"来得现实，退一步海阔天空，于是提出了交换条件："知道了，我一定想方设法办到。不过，从下次的悉尼奥运会起，请把松下的大型电视和 DVD 作为你们商店的指定商品。”

2000 年（平成十二年），悉尼奥运会召开之际，我已经是美国松下的 CEO 了。作为美国西部地区重要的零售商店店主，Paul Goldenberg 也被列入了受邀客人的名单。

最终，他还是遵守了和我的约定。从那以后，商品销售顺利地扩张。进入平面电视的时代后，松下不仅实现了销量第一，而且也获得了在西部地区的“大屏幕电视之王”的美名。

另外，Paul Goldenberg 把和我的商务故事讲述给了很多经营者，所以，其他一些中小型优质商店和我的交易也增多了，这成了我的一点意外收获。这就是“bell cow（领袖）”的力量。

一位前辈曾经这样说过：

> “一面之缘的客人的价值是 1 亿日元，大主顾的价值是 10 亿日元，狂热爱好者的价值是 100 亿日元，家人的价值是无限大。”

按照这个理论，成为松下电器家族一员的 Paul Goldenberg 这样的交易伙伴给予我的是无限的品牌价值。

松下之魂

第 8 章

智慧源于汗水

8.1　利润不过是社会放在企业的寄存品

"商品销售是为社会服务、为人类服务的，利润是理所当然的报酬。"这是幸之助发表利润最大化的观点时所说的话。

> 　　幸之助经营哲学的根本是充分利用所有的人力、物力、财力，大量生产有价值的商品，为社会做贡献。

对于"追求利润只是次要的目标"这句话，幸之助并不赞同。

一方面，追求利润是对社会有意义的事。他把 10% 的利润率作为一个标准，并且指出："如果利润率不提高，就视同于一种对社会的犯罪行为。我们占用社会资本，利用社会上的人才，使用社会物质资源，如果不能提高利润，还不如把这些宝贵的资源用到别处。"

另一方面，公司能保证持续稳健地经营，在此基础上提高利润还可以多缴纳一些企业所得税。如果用所得税来表示企业对社会的贡献程度，不把利润率提高到两位数以上，那么作为一个企业，它的社会价值就可能遭到质疑。

在产品生产环节，通过降低成本来提高利润的方法只有两个：一个是低价购入原材料，这是采购部和材料部大显身手之处；另一个是大量生产，只要盈亏平衡点确定，随着产量的增加，单位产品的成本就会下降。

幸之助曾这样鼓励大家："无论是谁都能将单位产品的成本降低两三成，所以，我们要做就要以降低五成为目标！试想一下，把金属换成铝或塑料会怎么样呢？如果再动一动脑筋，改良一下加工技术，其他材料是否也能使用呢？"

他之所以这样说，就是期待能够在公司内部集思广益，通过思维的碰撞获得智慧、寻找窍门。

另外，松下电器是第一个引入双休制的大企业，工资水平与同行业其他公司相比也相对较高，而不是一味地强迫员工辛勤工作。应该做的事要努力做好，相应地，公司在待遇方面也会给予补偿。

"利润只不过是社会寄存到我们这里的。"这是幸之助的口头禅。

下面我来讲述一个幸之助的事迹，恐怕很多人听了会赞不绝口。毋庸置疑，幸之助属于高收入人群，而且连续几年都是高收入人群中的头等人物。因为他几乎是一个人创业的，并且培育出如此庞大的企业，取得这样的地位理所当然。

可是实际上，他和他的家人生活非常朴素。幸之助认为，个人收入应该返还给社会，因此他高兴地缴纳税金。

同时，他把 PHP 研究所作为基地，向慈善事业捐赠了巨额资金，其中绝大部分被用于青少年的培养和教育、科技的振兴。我推测，幸之助的举动还出于一种很强烈的意愿，就是不想让下一代的孩子们再体验自己儿时所抱有的那种对学校不满的心情吧。

> 幸之助所描述的"理想乐土"的关键是"共存共荣"和"贡献社会"。

所谓共存共荣，不是互相依靠，而是既要自立自强，又要互相支持、互相帮助。所谓贡献社会，是指企业既然在社会中进行生产经营活动，就要确保成效，利用企业获得的利润来回报社会。

8.2 一马撒野，则千马疯狂

你认为，对于你的公司来说，什么最重要？面对这样的询问，回答"股东"或"股价"的企业家越来越多。我认为，这两个因素固然重要，可是坦率地说，很多经营者即使在股票市场上赔了钱，但还是愿意继续冒险。

十几年前，认为市场规律才是全球通用的经营准则的想法迅速扩张，在投资市场盈利颇丰的金融工程学引人注目，因为全球化而产生的热钱跨越国境在整个世界范围内到处流窜，美国政府对此视而不见、自由放任，导致事态恶化。不久，所有的问题都暴露出来了，已经到了无法收拾的地步。

巨额的投机资金为了寻求哪怕一点点的高额利润，在整个世界游荡徘徊，通过原油价格的变动便可窥见一斑，原油价格就像狂风巨浪中的小船，一会儿升到浪尖，一会儿又跌到谷底。超出常规的金融风暴，完全脱离了生产、制造、消费这样正常的经济活动。

时至今日，金融危机造成的恶果显而易见。以次级贷款为特征的美国房地产泡沫的崩裂这一事件从一开始就初见端倪。不光是我，美国很多商务人士都预测过，和之前的 IT 泡沫破裂一样，这次的次级贷款将引发又一次的金融危机。

像实际状态难以识别的套期资金投资组合活动一样，将次级贷款做成复杂的金融商品蒙蔽了投资者的双眼，造成了大面积的创伤。

还记得几年前在日本引起骚乱的活力门事件，那时既没有划时代的技术进步，也没有技术改良，可是活力门公司的股价却不断攀升。

利用做假账粉饰经营业绩，从市场筹集资金，因协同效应促使股价进一步上升，从而赚得巨大的利润——这确实是一番真真正正的投机"事业"。

投资者先是投机性地购买本来毫无升值可能的股票，然后为了操纵股价近乎违法地并购，而对此蓄意大肆炒作的大众媒体也是帮凶。

幸之助以"眼前的蝇头小利"为题，撰写了一篇短小而精悍的文章，其中写道：

> "若一匹马撒野，则千匹马疯狂。其实不仅仅是马……但凡涉及到利欲的相关问题，人们便很容易丧失理智。"

人一旦尝到了一次蜜糖的滋味就很难忘记，所以，至今对股票交易抱有幻想的人仍有很多，政府部门对此不但不加约束，反而放任自流，甚至还想方设法把个人投资者拉进投机市场。

既然资本在未来相当长的一段时间内将会主导世界经济，那么就一定要建立起一套将热钱有效利用并从中获利的体系。

8.3 为顾客带去实际的价值

如果企业仅仅以赚钱为目的，在稳定的市场灵活运用资金比用于研究开发或技术革新可能更加合算。可是，如果注意到这次金融工程学的重大失败，就会明白还是孜孜不倦、脚踏实地继续进行商品生产来得更有意义。

> 幸之助说："不要强行销售，不要销售客人喜欢的东西，而要销售对顾客有用的东西。"

如果生产者能时刻为顾客着想，考虑顾客的利益，那么生产商品自然会得到利润。

在曾经被誉为商品生产大国的日本，金融服务业的利润已经超过了制造业，在全球化的呼声之下，邮政民营化、规制缓和等构成了美国所崇尚的市场经济的一部分。

在日本，政官财一体的大潮流不可扭转，曾领先于世界商品制造业的昨日辉煌已经被深深地压在了历史的车轮下。

目前，日本国内已经不能提供得力而又廉价的劳动力，如果要重建以商品制造为中心的经济框架，就必须构建和中国、印度、马来西亚等亚洲各国共存共荣的关系。

共存共荣并不意味着互相依赖，而是在互相理解并接纳各种各样的想法、文化或环境之后，能够共同享受利润。但是，据我分析，对于长期依赖丰富的国内市场的日本企业来说，它们最不擅长这样的做法。然而,如果不能及时地转变思想,重建商品制造大国的目标也只会是泡影,不是吗?

在新的商品制造体系中,日本应当主要负责研究开发和技术革新,提高金砖四国及其他亚洲国家的生产力,并积极培育该市场,这是我能想到的保证日本制造业可持续发展的唯一方法。

高科技商品依赖于深厚的文化积淀和长期的技术积累,这是难以模仿的,所以能使日本取得主动权的是能将充分提高品牌力的高端设计和传统技术的精髓相结合的工艺性商品,诸如长期使用的单反相机或高保真收音机等。未来的技术发展方向将是低碳节能、绿色环保技术。

有一种技术叫做机电一体化,即集合电子学和机械工学于一体。例如混合动力汽车、最新的按摩机或电动剃须刀。诸如将录像带在录音磁带盒里高速回卷、翻新或录像之类的机械装置在从前也是只有日本才能实现的高科技。

因新一代的机电一体化,应用自动控制装置的建筑机器和作业机器有了进一步的发展,像寿司机器人这样能够代替人工的细致而完善的机电一体化,日本有非常大的优势。实际上,日本的产业用机器人在全世界的制造现场已经形成垄断局面。

令人担忧的是,如今,日本的年轻人并不青睐于商品制造,而是觉得金融服务业和软件产业要好得多。从现在的情况来看,传统制造业的衰退几乎是不可避免的，不过必须尽快想办法让日本的年轻人也感受到商品制造的魅力所在。

8.4　对自命不凡、独断专行说不

幸之助认为，公司是"社会的公共财产"，而不是赚钱的机器，因此才说"要销售对顾客有用的东西"。

"顾客至上"是古今中外的商人常说的一句话，而幸之助是按顾客第一、员工第二、股东第三的顺序开展经营的。

作为创始人的幸之助一直是松下电器最大的股东，而且是一个具有超凡魅力的经营者。拥有这样的双重身份，要想管理好上市公司并不像想象中那样简单。

> 能时刻提醒自己不要自命不凡、踏入独断专行的陷阱，而最终得到顾客和员工们的爱戴，这是十分难得的。

以股东价值最大化为目标可能更容易从市场上筹集资金，不过，幸之助向来贯彻的公司经营核心在股市上是找不到的。关注股市的股价主导型经营总让人觉得是只关注外在而缺乏内容，歪曲了经营的本质，那不是幸之助心目中一个公司应有的姿态。

松下集团旗下有很多分公司和子公司，这些公司的经营没有一个是与幸之助的哲学和理想相悖的。在电池事业部，有大量制造干电池用的稀有金属材料，可是松下严厉禁止用这些原料做投机生意。幸之助斩钉截铁地说："营业利润是经营的大前提，其余的收益无论赚多少都毫无价值。"

我认为，能以这样的姿态继续成长的大公司世上少有。美国通用电气集团中最能创收的是消费者金融公司。美国通用汽车公司和克莱斯勒公司之前都依靠汽车贷款的融资事业赚钱，不过现在随着次级贷款问题的日益严重而陷入了破产危机。

虽然天然资源匮乏，但因技术和商品制造而茁壮成长起来的日本被金融兴国这样的说辞所哄骗，受到美国流派的利益至上思想的影响，实乃一大憾事。想想有多少从前制造并销售商品的脚踏实地的企业，由于担心向股东的分红太少而用来之不易的利润作投机，最终反倒血本无归。

> 幸之助说："首先要流的是汗水，从汗水中可以得到智慧，生存的智慧从晶莹的汗水中得以浮现。"

请不要吝惜自己的付出，只知道使用别人的钱赚钱。

松下之魂

第 9 章

越是风暴来临时越要重视合作

9.1　勿因惊慌失措而迷失方向

这一次全世界范围内的经济衰败可以说是百年一遇，势态的严重程度甚于上一次因石油危机而引发的经济萧条。

此次由于金融破产而引发的全球性金融危机和 1929 年（昭和四年）的世界经济危机颇为相似。全世界的大企业都公布了收益锐减和大规模亏损的消息，不得不缩小生产规模，进行人员调整，这是发源于美国的金融危机所带来的蝴蝶效应。

由于世界第一大市场的美国内需萧条，作为出口主导型国家的日本的制造业也难免遭受了不可估量的损失。可是，更为严重的是由于进行大规模的产业重组，员工及其家人们连生活都受到威胁。

幸之助把企业比喻成风暴中的船：

> "惊慌失措，反而会弄错航向。并且，即使是可以不沉没的船也有可能沦陷大海……越是风暴来临时，合作越不受重视。"

那么，面对 80 年前的大规模世界经济危机，幸之助是怎么抗争的呢？让我们来一起回顾一下。

和这次的危机相同，当时也有很多公司陆续地解雇员工，整条街道挤满了失业者。当然，松下电器也有着大量的存货，陷入了经营困境。

然而，幸之助并没有为此解雇员工，而是将全体职员的工作时间缩减至一半，使生产量减半。实行现在的工作分摊制，不过工资照样全发。即使再困难，也要保证员工的生活，幸之助的高尚姿态让员工们感激涕零，从而激励他们奋发图强，每天抱着商品去店外拼命地推销。

终于，存货渐渐减少，几个月过去了，开始有了少许的订单，帮助企业摆脱了危机。

社长的英明决策和对员工的关爱，使大家深受感动，是这种情分支撑住了风雨飘摇的松下集团。

有人认为"这种做法早在以前就被广泛使用"，也有人认为"把员工当成家人，确保他们优厚的福利待遇，是在过去的经济高速成长期企业为了保证人手的充足才采取的终身雇佣制度"。

可是，"员工是公司的财产"这种说法无论在过去还是现在，都没有任何改变。即使被"现实论"左右，也要在精神上坚守这一重要理念。

特别是在产品制造企业，老员工掌握着新员工还不具备的技术窍门和从业经验。珍藏有商业机密的企业为数不少，如果员工对雇佣关系稳定性很担忧，要想防止技术外泄就会变得困难重重。所以，像松下电器那样在经济危机时期，能给予全体员工共同渡过危机的稳定心理，增强他们的凝聚力，确实是一种理想的姿态，不是吗？

频繁的人员变动或雇用临时工，这与股市优先一样，都忽视了员工的感受，缺乏人性化。特别是在制造业，临时工用工管理制度的放宽完全破坏了原本稳定的日本雇用体系。

因临时工价格低廉所以适用于企业，这样单纯的想法过于武断了。即使支付了同样的工资，临时工对公司的重视程度和向顾客服务的意识水平却很低。

随时被解聘的可能性会造成公司内杀机重重，从而导致向心力低下，因此横在正式员工与非正式员工间的感情隔阂对生产经营的恶劣影响不可低估。

我也曾经有过一段痛苦的回忆，那还是担任全美国负责人时候的事。日本的总公司为我们制定了数量目标并下令改组。

当时，我反驳说，美国和日本的情况不同。在美国，如果对每个销售渠道都提供适当的商品，商品就会像在沙漠中卖水一样畅销。

在我负责销售家电商品的 4 年时间里，销售额年均增长15% 左右。所以，对美国市场的论断，我充满自信。

不过，结果表明我的反驳没有奏效。法律事务部和财务部的负责人介入，具体的改组工作开始了。当时，我的心里非常纠结，心情异常烦闷，这样的滋味在我长期的职业生涯中是第一次，也是最后一次。

9.2 做平静湖面上的水鸟？

如今，日本工薪阶层的工作状态完全变了样，松下寿电子的冈本曾叹息说："以前日本的工薪阶层连去海外出差回来时也一直在飞机上工作，那个时候他们坐商务席也能睡觉，可最近却经常看到喝酒骚乱的情况。紧接着是韩国的工薪阶层在飞机上拼命地工作，现在是中国的工薪阶层在飞机上努力地工作。"

最近，在海外，日本商务人士的名声不是很好，与日本的商务往来减少，差旅费也相应地被削减，乘坐飞机头等舱的日本人好像很多都是计算机游戏软件和动画制作相关人士。在世界贸易往来之中，日本制造业陷入不良状况的说法广泛传播。

盛衰荣枯是世之常态。曾连日本制造商弄错了的螺丝孔都会模仿的三星电子，现已征服了世界的电子行业。可是在日本国内，却未见有什么忧患意识。我觉得，不是人们看不到危机，而是现在的国人仿佛有一种逃避现实的想法。正因为如此，我才对年轻的学生们反复地强调，希望激起他们忧国忧民的责任感。

当你去秋叶原的家电量贩店时会发现，那里摆着的全都是日本制造的商品，却不见位居世界第二的电子制造商三星电子和跻身前五的 LG 电子的产品。电脑打印机专柜摆放着美国的 HP 产品，却找不到荷兰的飞利浦、德国的西门子等产品的身影。如果询问卖场负责人为何没有物美价廉的三星产品，他们会说些售后服务、回收方法的适用性什么的，而不直接回答问题。

在日本，有大中小型家电制造商互相竞争。在这样一个地域狭小的国家，光是众所周知的手机制造商就有五六家，如果加上小型公司就更是不计其数。

> 在广袤的世界市场上，任何领域都会不断地出现合纵连横和优胜劣汰，竞争之激烈如海浪般汹涌澎湃。

然而，看起来，日本制造商却像是浮在风平浪静的湖面上的水鸟，安闲自在。

在大街上飞驰的汽车中，属日本品牌最为常见，德国品牌也能时而看到，但美国品牌极为少见，原来在美国市场急剧扩张的韩国现代汽车最先消失。要知道，三星电子和现代汽车都曾是以席卷世界市场的态势迅速扩张的企业。

日本经济的支柱产业有汽车、电子和家电等。在这些领域中，最大的竞争对手是韩国企业。它们正在威胁着曾经称霸世界的日本制造商的根据地，而且在某些方面已经追上甚至超过了日本。可是，日本制造商当下最关心的好像仅限于国内市场占有率。

总觉得日本人这种安于现状的稳定状态是长期天下太平、闭关自守时期的日本的原风貌。

9.3　顾客不在场的说明书竞争

在世界市场急剧扩张并且取得较高市场占有率的三星电子和现代汽车为什么在日本却显得默默无闻呢？

可以这样说，日本人偏好传统的品牌，倾向于利用说明书解读数字性能，拥有独特的价值观。他们在选择产品的时候，价格所占的分量相对较低。产品如果出于名牌制造商之手且性能佳，即使是价钱稍贵也会被接受。同理，就算是价格便宜而且效果相同的感冒药，如果包装上没有印着熟悉的制药公司名称的话，他们也会对这种感冒药敬而远之。

对于电子产品来说，说明书中如果出现全世界最薄、最轻便等字眼，那么这种电子产品将会在市场上极具竞争力，为此，制造商不得不永无止境地竞争。

可是对于高清晰度数字电视来讲，如果实际播放的图像效果平平，即使怎样夸耀电视有超级清晰的仿真画质也毫无意义。

> 执着于商标和性能的顾客和制造商简直就是在进行一场永无休止的捉迷藏游戏。

美国的顾客却不同，他们只要看到商品功能符合自己的需要并且价格合理，即使是型号稍微古老一些或者商标的知名度不高也照样能接受。因为他们始终以注重实用性为原则，几乎不关心说明书内容。

在美国市场上，与其把能源和金钱投入没有实际意义的说明书的竞争，不如用来降低成本或丰富产品线。

第二次世界大战后，置身于美国的幸之助强烈地感受到，如果不能打入世界市场，公司是没有未来的。

领导指哪儿，下属就打到哪儿。如果老板认为只提高国内的市场占有率就可以了，那么就不会生产能满足国外市场需要的产品。

诚然，日本拥有多达 1.3 亿人口，和其他国家相比，富裕阶层所占的比例也较大，如果能够保证较高的国内市场占有率、维持经营而且产生足够的利润，那么比起打入世界市场，继续参与日本国内市场的争夺或许更为明智。

2007 年（平成十九年），日本的 GDP 居于全世界第 2 位，接近世界 GDP 的 10%，这已经是一个不小的数目。可是我还是认为，不断地扩大再生产是企业的宿命。所以，日本市场既然已经控制了世界市场占有率的 10%，那么就应该将重心转向剩下的 90%。

9.4　闭关自守不得再来

美国的沃尔玛是年销售额高达 40 万亿日元的格列佛式垄断①企业，即使在经济不景气的形势下，沃尔玛在未来也一定会成为世界商品流通行业的引领者。

为了与沃尔玛抗衡，竞争对手纷纷采取合纵连横的战略而不断壮大，位居第二的家乐福和跻身前三甲的麦德龙集团也拿出了以中国为中心扩大市场占有率的战略。

世界零售行业进入了剧烈动荡的时期，日本的商品流通企业还逗留在原有的国产规模。在远东边境的岛国，虽然壁垒较高导致外资不能自由进入，但是外资的零售业巨擘一定能够进入这个有购买力的市场。

在商业资本强于产业资本的美国，控制市场的是这些零售业巨擘。由于整个市场都信奉顾客渴望商品价格低廉的理论，所以

---

①　这是指在同行业中一家企业的市场占有率远远高于其他企业。

法律政令等对消费者的保护也很彻底。

相反，日本的法律政令最先考虑的是对制造商的保护，对于关心商品价格的消费者的利益的考虑则退居其次。消费者协会也主要是关注食品安全或假冒伪劣等问题，而不是为了保护消费者的利益设法降低商品价格。至今，追求昂贵商品的消费观念仍然在国民思想里根深蒂固。

行政部门利用税金保护银行，银行支撑着产业资本——商品制造大国日本孕育的制造商们至今仍然顽固地认为，即使成本再高也要在国内生产，以高价销售具有高附加值的商品，维持从前的体系，维持供需平衡。

这种产销模式在内需旺盛的情况下可以广泛使用，然而，只求一国国泰民安，处处实行保护主义的日本经济形态已经不可能再继续下去了。

有一首有名的狂歌①这样唱道："唤醒沉睡的和平，四只蒸汽船令人夜里无法入睡。"幕府末期，佩里率黑船（蒸汽船）来到浦贺，迫使日本打开国门。

日本民族的特征是，如果没有自信就忧心忡忡，一旦有了自信就唯我独尊。听说美国的经济强大了，就多次派遣考察团到美

---

① 日本以滑稽、谐谑为宗旨的短歌。

国访问。但是，20 世纪 80 年代后半期，在被泡沫经济夸大了的经济形势下，日本国民非常自满，时常能听到"美国已经没有什么值得学习了"之类傲慢的话。

通过和三星电子与现代汽车的负责人交谈，我才明白，他们首先选择控制美国市场，也就意味着进入了世界的主要市场，而正式进入日本市场则是在凯旋回国之前要进入的市场，也就是最后的目标市场。

最近，如果去逛逛出租录像带的商店，就会发现整个商店都涌起一股韩流，数量之多令人惊讶。不仅如此，不知不觉间还会发现自己看的是三星电视，吃的是辣白菜和朝鲜火锅，坐的是现代汽车……

此时，我突然感到，日本人的生活正在逐步地发生意想不到的变化。

9.5　关于人才培养

就职于公司最高职位的人，一上任就决定谁是继承人——这句看似开玩笑的话，其实也带有半开玩笑半认真的色彩，因为作为组织，最重要的工作之一就是培养人才。

幸之助认为，培养人才不仅是打江山的关键，更是守江山的基础。早在 1934 年（昭和九年），幸之助在大阪门真市设立工厂的时候，就创建了"职员培训所"。

幸之助也是身为人子，所以应该也想到了要把松下的继承者当作是自家人吧。

在一次工会的聚会中，工会会长贸然顶撞了幸之助，聚会的气氛一下子紧张起来。此时，幸之助只说了一句"去厕所"便离开了座位，过了一会儿，他回到座位上，像什么事都没发生过一样继续推心置腹地交谈。

当自己已经无力稳固而妥当地经营公司的时候，将之委托给有识之士，自己告老还乡，这便是幸之助的观点。

离开了自己一手栽培起来的公司，把指挥棒传递给有智慧、有魄力的接班人，这样才能实现更大程度的突破和成长，才有利于今后的持续发展。随着时代的变迁，客人、商品、股东、经营者都会相应地变化。

作为创业者，不能把公司当作私人物品，发展才是硬道理。鼓励像松下电器工会会长那样能直言进谏的人是组织健康发展的关键。

> 一个组织越大，就越要培育敢于直言批评的人才，以防患上大企业沟通不畅、机构臃肿的通病。

幸之助并不是自己独揽大权，而是授权给可靠的下属，这是他的过人之处，也是事业部制价值的体现。但是，处于最高职位的人还是不可能把所有的事情都完全委托给下属。

本书开头的时候提到，幸之助曾在一篇日记里写道，第一次来美国的时候，自己在这里到处游走，希望开阔眼界，却苦于语言上的障碍，所以后来，他才规定年轻的员工要好好学习外语。不仅雇用当地人，而且还把日本员工送到海外培训，于是便有了实习生制度。

现在我们选派的实习生外语水平都很高，全是些优秀的人才。实习计划书的内容也做了变动：赴美实习1年左右，在哈佛大学等知名学府进修学习。当然，现今已经没有了像我那样在仓库被大声叱责的情况，也没有了为了促销而炸天妇罗的经历。

同时，我们也培养美国当地的人才，提拔新人，为公司未来的管理层积蓄后备力量。

幸之助非常明白"中肯批评"的意义。如果人与人之间只是马马虎虎地互相提些意见，甚至根本不互相批评，这样，"不知不觉之间，对事情的看法和想法就会变得愈加不严谨，于是便滋生了脆弱、不坚强的心理"。

松下之魂

第 *10* 章

繁荣之路源于普通

10.1 构建迅速反应机制是关键

幸之助曾经说过这样的话：

"人和人相互集结形成组织，譬如商店、公司等各种各样的团体，而最大的组织是国家。如果受到外界环境变化的影响，组织是否能够做出迅速的反应？组织结构合理与否，虽说也体现在生产率的提高方面，但更重要的还是体现在是否形成了一个能够迅速反应的机制上。"

在这个通讯设备高度发展、沟通无处不在的时代，各种各样的家电商品和数字设备相互关联。无论何时何地都可以看视频、听音乐，就连上网和信息交流也成为可能。现如今，由计算机、通信、数字技术复合而成的单个机器能够在网络中实现互联、互操作乃至协同工作。

先来看看日美电子行业的兴衰。20 世纪 80 年代，崭露头角的日本制造商席卷整个美国市场，几乎所有的美国制造商都没能逃脱转让或倒闭的厄运。可是到了 20 世纪 90 年代，美国制造业进行了大规模改组，随着互联网的迅速普及，美国电子产业日益复苏，Apple、HP 等应运而生，取代了原来像 GE 这样的大型制造商，成为了市场的主角。21世纪将是模拟计算机技术被日新月异的数字技术打击得一败涂地、体无完肤的世纪。

为了应对数字化浪潮，日本的制造商也盘算着用超薄电视、DVD、数码相机来进行反击，然而，由于尚未实现各种机能的有机结合而被逐个击破。

EMS这样高产量低成本的新的商务模式和戴尔、HP、IBM等美国电脑公司主导的整体解决方案成了主流。在利用EMS模式生产时，需要提供构成产品的每个元件或每个芯片，这些电子零件的供应商也是英特尔、德州仪器、摩托罗拉等美国企业。而且，能够随时随地提供软件的公司有时代华纳、华特迪士尼等。在基本操作系统方面，微软则占据强有力的统治地位。

即使产品本身的市场占有率和销售额不那么引人注目，但在所提供的软件和整体解决方案产生的综合利益方面，美国企业可以说是当仁不让。所以，即便国外企业纷纷效仿，充其量也只能在一定程度上改变这个行业的内部结构，而不会动摇美国企业的地位。

最具代表性的产品当属苹果iPod。在日本市场上，苹果公司推出了从iPod播放器到软件、电脑周边设备、各种音响器材和通信器材、配件等应有尽有的全线配套产品。

以产品的核心部分为中心，从相关的配套产品中产生利润，这种联合盈利模式因为 iPhone 的上市而被迅速推广。苹果公司也以迅雷不及掩耳之势开展零售业务，仅凭网络直销和 iTunes 线上音乐商店中音乐作品的销售额，便一口气冲进了美国电子行业的前几位。

RCA、GE、摩托罗拉，无论哪家公司，论实力都无法和日本家电制造商抗衡。虽然在单纯销售产品方面，美国家电制造商中仿佛没有实力较强的公司，可是，在提供整体解决方案方面，却可以说是举世无双。

> 现今的电子企业，单凭产品的魅力很难在残酷的商战中取胜，必须加强对配套产品的研发和生产，形成极具攻击性的网络销售系统。

我想，在这样的大环境下，日本的制造商不得不大刀阔斧地进行结构性调整。

10.2 "破坏与创造"，实现商标统一

松下集团的凝聚力一直以来远远强于其他大型企业，但有时也被揶揄说"脸谱化"、"没个性"等，这些说法未免过于强调表象了。

> 成功的果实应当由大家共同分享，每一名员工都是企业的重要成员，企业必须履行社会责任。

幸之助的这些经营理念渗透到集团经营的方方面面，因此，松下电器自创业以来便对所有员工一视同仁，这也正是集团凝聚力强的原因所在。

随着松下电器的不断壮大和快速成长，幸之助的经营理念渐渐地渗透并滋润着国人的心田。

长久以来，即使经历了时代的发展、社会的变迁，幸之助构建的那种独特的日本经营方式仍然熠熠生辉。但是，无论是谁，也无论他曾是一个有着多么超凡魅力的人，他的伟大也会随着生命的逝去而渐渐失去，他生前留下的光彩也会随着时光的流逝而渐渐褪色。

2000 年（平成十二年），中村邦夫就任松下电器社长，他曾是我在美国松下时的上司。

中村挑战了幸之助的"神话"。他断言，除了伟大创业者的经营理念，其他任何事情都可以完全改变。

他把"破坏与创造"作为口号，勇敢地打破了松下电器的禁忌——统一、撤销、合并不能独立核算的据点，废止部课长制度和事业部制，把关联公司子公司化，甚至踏入了被视为"禁地"的人员精简和全国范围内的店铺改革。

不过，按照我的理解，所谓的"中村改革"并不是否定幸之助的经营理念，而是为了适应现代社会重新加以诠释，是为了能够跟上迅速变化的时代所做的必要调整。

在中村社长上任之后的 5 年之内，曾患上大企业病的松下电器呈现出急剧变化的 V 字形复苏态势。

在 2002 年（平成十四年）3 月，松下电器面临着 4 000 亿日元的巨额亏损，可是到了 2006 年（平成十八年）3 月，这种局面已经被大幅扭转，并实现了 1 500 亿日元的盈余。在此期间，身居最高位的中村一直冲在最前线，就连在 2005 年（平成十七年）发生的石油暖风机召回事件中也不例外。我认为，那种情况下，对顾客以诚相待有利于松下电器声誉的提高。

一边大胆地实施冲击疗法，一边小心地改变公司内外的抵触情绪。中村细心地观察、认真做好事前准备。

他最后要做的一件大事是从公司名称中去除"松下"字眼，进而统一使用"Panasonic"商标。

幸之助在就继任者问题被工会会长顶撞的时候，只是去趟厕所就保持了平常心，想来也不必过分地拘泥于创业者的名字吧。

Interbrand 在 2008 年进行的一项调查表明，松下电器的商标知名度位居世界第 78 位。从利润率来看，微软和 Google 占据绝对领先地位，三星位于第 34 位，佳能位于第 35 位，松下电器位于第 73 位。对于跨国公司来说，由于在世界市场上打拼，企业形象、商标战略必不可少。

我强烈盼望着，在统一商标之后，松下的商标知名度也能呈现 V 字形逆转。

10.3　重回过去

2008 年（平成十九年）11 月，三洋电机被松下收归旗下，成为其子公司之一，听到这样的消息，我的心头不禁为之一振。

创建三洋电机的井植岁男是幸之助夫人的弟弟，即幸之助的内弟。第二次世界大战结束后，井植和幸之助一起在驻日盟军总司令部接到开除公职指令的时候离开了松下电器。那个时候，幸之助继承了自行车用灯泡生产厂和在加西市的松下电工的工厂。三洋电机便是在这家工厂的基础上创建起来的，所以可以说是从松下独立出去的。

对于三洋电机而言，幸之助是经营之师，井植是实践者。可是，这个曾因镍镉电池而驰名的优良企业，近几年仿佛被蒙蔽了双眼、迷失了方向，亟需通过合并来挽回它原本旺盛的生命力。

那么，松下为什么要回购三洋电机呢？因为三洋电机生产有机电荧光、太阳能电池、市场占有率极高的充电电池（锂电电池、镍氢电池）、数字电荷耦合器件、被安装在宾馆或剧场的大型放映机，而这些产品的生产涉及世界先进技术。这些极富创意性的电子产品在利基市场上的销量可以实现稳定增长。

这样一来，除了日立之外世界最大的家电公司诞生了，我们完全可以期待着规模效应、原材料联合采购等带来的成本下降。

另外，从我在美国市场积累的经验来看，三洋电机的营业势头如充满野性的武士一般，好比创业期的松下电器，涉足了大型折扣连锁店。

希望到了 2018 年三洋电机创业百年之际，也就是在之后不足 10 年的时间里，不断壮大的松下和同样起始于幸之助、由井植创建的三洋电机能实现某种意义的强强联合。

10.4　寻求幸之助的在天之灵

我一边回顾着从前作为工薪阶层的一生，一边想从多角度来谈谈伴我成长的松下电器和我人生道路上的领路人——幸之助。

日本经济的动荡加剧了社会的混乱，商务经营失去了理智，政治陷入了束手无策的困境，国民的活力日渐衰退，依靠产品制造支撑的日本经济处于危机的边缘。

站在已经辞职的立场上，我对自己发表了这些消极的言论深感歉意。不过我想，正是因为看不到前进的方向，重新回顾一下自己的过去才更有意义。

是采取终身雇佣制好呢，还是崇尚成果主义妙呢？这是一个颇有争议的问题，绝不能只从眼前的利益来考虑，而是要向幸之助那样，从人民的生活水平和社会的发展前景角度来考虑，立足根本，制定出着眼大局的经营战略。

裁掉正式员工而依赖于临时工的日本制造商因为这次的经济不景气前途未卜。很多分析者认为，今后的经济发展还应当主要依靠内需拉动，而非出口。

可是，现今社会老龄化问题严重，养老金制度不可信赖，财政赤字严重，通货紧缩蔓延，工资水平受限，连与人们日常生活息息相关的雇佣状况也极不稳定。在这样的情况下，要扩大内需可能相当困难。

从曾在产品制造企业工作过的我看来，由于雇佣制度崩溃，工资水平没有提高，顾客是没有信心和财力来购买商品的。

在日本所有的行业中，从创业者开创事业到第三代、第四代继承人承担企业经营，历经了相当长的一段时间。同样，松下电器和三洋电机的开创者们也早已从关键经营岗位上消失，全部由从工薪阶层中提拔起来的经营者掌握着公司的命运。

幸之助希望松下电器的员工能成为松下电器永远的顾客，这样的希望在强大的搜索引擎中是检索不到的，因为创业者拥有许多不为人知的想法和梦想，他们继承着永远无法计算清楚的世界观。

我想再一次地引用这句话：

> "如果做事不认真，只是简简单单地找借口，随随便便地应付，总有一天自己要承担后果。倘若连洗脸、打水这样的小事都嫌麻烦，做事情总是漫无目的地东一头、西一头，那么，想给自己找到一条合适的道路，无异于天方夜谭。事实上，通向繁荣的道路并不独特，它就静静地躺在众人皆知的最平凡、最普通的地方。"

其实，幸之助的这些思想已经在各个领域得到普及，不过如果非要用一个词来概括的话，我想那应该是"纯朴"。

幸之助说过，"下雨就要撑伞"。无论是阳光明媚还是阴雨连绵，这种天气的变化是自然界的常态。所以，任何时候都不要粗心大意，而要做好应该做的准备，这些准备都是理所应当的，这是纯朴的表现。也就是说，如果人们能以"纯朴"的心境面对问题，对世间变化抱有一颗平常心，那么，就不会苦苦地去寻找答案却求之不得，答案自然会揭晓。

不仅仅在企业经营和社会经济方面，就连我们的日常生活和内心世界，也无不渗透着幸之助的哲学。

他老人家的在天之灵，如果得知现今的日本有堆积如山的问题，又会给予什么样的忠告呢？——我一边思考着，一边打算暂时放下写作的笔。

　　松下电器有这样一个传统：每当员工退休，公司都会献上一封感谢信，以感谢多年来员工为了公司发展而付出的辛勤努力，记载公司和员工之间的殷殷深情。

　　我于 2005 年（平成十七年）6 月结束了在松下的职业生涯，不过，38 年辛苦工作所换来的"毕业证书"上却写着"岩谷英明"的别名。

　　我的名字是"英昭"，哥哥叫"和海"，是从战场回来的父亲寄希望于"新的昭和时代"而给我们兄弟俩取的名字。好像是职业生涯真正结束的时候失去了名字一样，心里受到了一点点打击。从幸之助创建松下电器的时候起，我就一直坚信公司会健康稳定地发展下去，现在我的信心更加坚定。

　　当然，录用像我这样成绩平平的学生，鼓励我接受各种各样的挑战，让我做有意义的工作，对于这样的公司我没有任何抱怨。不过，我还是担心涉及到数以万计的员工的大规模改组会影响到幸之助遗留的松下电器的文化，而且公司的经营改革跟我也有很大关系，此刻的我心情颇为复杂。

在美国工作生活的时间无论多长，作为一个日资企业的日本人，退休后回到祖国是再平常不过的了。然而，我决定在美国送走我的第二个人生。我的女儿嫁给了美国人，也就是说，我有了一个美国女婿，也得到了美国的永久居住权，在松下改组的同时，我以一个美国人的身份生活着。

从今以后，我作为 Don Hideski Iwatani，建立起一个把"Bridge to East（架起通往东方的桥梁）"作为理念的 Simeon Consulting Group LLC 组织，成为把幸之助这位伟大的创业者和他的哲学思想传达给美国人和亚洲人的"传道士"。

为了向年轻人传授自己的经验和幸之助的理念，我获许在母校明治学院大学举办了国际经营学的讲座，和学生们一起学习一同思考。另外，我还在位于大连的东北财经大学讲授日本电子行业在美国成功的原因和国际社会所需要的协调性问题。

在与中日两国大学生接触的过程中，我发觉中日两国大学生在人生观和对未来的希望方面有着相当大的差异。

如果被问及"未来的梦想是什么"，日本学生多数希望自己在电影制作或音乐创作领域有所建树，也就是想从事自己感兴趣的职业。此外，还有一些日本学生希望拥有一份像公务员那样稳定的工作。

　　然而，中国的学生却是向你描述着当选社长或市长这样的远大理想。"宁为鸡口，不为牛后"，正如这句格言，中国人是很尊重创业者的。比起在大企业工作，更愿意自己摆个小摊位做买卖。

　　尽管日本学生的评论文章有很多，不过很多日本学生好像由于不擅长抽象思维有时不能清楚地表达自己的意思，而多数中国学生却能用直截了当、简洁易懂的语言来阐述内心的想法。

　　2008 年在北京举办的奥运会带给中国年轻人的强烈影响几乎超出了我们的想象，这恐怕和处于日本经济鼎盛时期的东京奥运会给日本人带来的影响大致相同吧。

　　在我收到的来自大连学生的 E-mail 中，他们用英文描述了北京奥运会使自己的心情发生了如何巨大的变化。"作为在国际上获得高度评价的奥运会主办国的国民，自己也必须力争成为国际化的人才……"整封信里都洋溢着这样的激情。

　　"希望北岛康介和福原爱等日本选手再创佳绩，最后真诚祝愿伦敦奥运会圆满成功，同时盼望着伊拉克的选手也能够参加奥运会……"他们诚挚地表达着自己的热情、率直，在兴奋之余，他们没有忘记对生活在遭受不幸境遇国家的人们的关怀。我觉得，日本的学生或许写不出这样的内容吧。

日本学生在某些方面还是很天真的，其实严格说来是缺乏现实感，欠缺危机感。的确，每当和学生们一起吃饭，就会发觉他们确实太纯真了。这使我不禁为他们担忧："这些学生们在进入社会后，能够应付得来各种复杂的事情吗？"

我觉得，本书前面所提到的"自来水哲学"的梦想，在使日本国民生活富裕起来这个层面上基本得以实现。不管怎么说，日本是个电灯比依云矿泉水还便宜的国家。

那么，幸之助的"自来水哲学"到了现在已经没有必要再提了吗？非也！

既然称之为哲学，就不能仅仅局限于小小的日本。幸之助最先考虑的是顾客的利益，其次是职员的生活，继而是整个社会。如若他老人家还健在，现在一定已经把目光锁定在生活在地球上的全世界人民身上了吧。

的确，日本富裕了，不过世界上贫穷落后的国家和地区还有很多，全世界人民有不少还在过着衣不蔽体、食不果腹的生活。进入21世纪，只考虑一个国家一个民族的时代已经结束了，引领全世界人民走向富裕才是"自来水哲学"的终极目标。

要想让日本在全球经济发展中发挥更重要的作用，日本的制造商有义务、有责任把自己推向世界的舞台，不是吗？

本书若能成为一个小小的路标，对读者稍稍起到指引的作用，那么，我作为世界公民中的普通一员，将不胜荣幸。

我觉得，自己能够生活在繁荣富强、和平昌盛的时代，并能够成为松下电器这样知名跨国公司的员工是我莫大的幸运。现在，我抱着无论如何都要向社会报恩的情感，热情地帮助来纽约闯荡的日本人，其实，从某种程度上来说，我也正在继承并发扬着幸之助精神。

这是我生平第一次出书，其缘于摄影师小平尚典和记者石田雅彦这两位老朋友给我的建议，他们在我写作的过程中给予我很多专业的指导。我还要借此机会向与我同时进入松下电器的弘兼宪史，在公司里常年支持和帮助我的前辈们、朋友们，以及阅读拙作并不断鼓励我的松下幸子夫人表示由衷的感谢和衷心的祝愿。

最后，再一次感谢我一生崇拜的偶像和我生活、事业上的指路人——幸之助，谢谢您！

岩谷英昭
2009 年 5 月于新泽西